PSYCHOPA...
DES AD...

CW01510788

JEAN-LOUIS PEDINIELLI
GEORGES ROUAN
PASCALE BERTAGNE

Deuxième édition

6ᵉ mille

PRESSES UNIVERSITAIRES DE FRANCE

PSYCHIATRIE OUVERTE

SÉRIE « NODULES »

COLLECTION DIRIGÉE PAR

YVES PÉLICIER
Professeur hôpital Necker

ET DANIEL WIDLÖCHER
Professeur hôpital de la Salpêtrière

ISBN 2 13 047927 8
ISSN 0291-3119

Dépôt légal — 1re édition : 1997
2e édition : 2000, février

Sommaire

INTRODUCTION 5

1. LA NOTION D'ADDICTION 7

  1 / Étymologie. 7

  2 / Définition et caractéristiques de l'addiction 8

  3 / Description des différents types d'addiction 11

    3.1/Toxicomanie, 11 – 3.2/Alcoolisme, 15 – 3.3/Troubles du comportement alimentaire (boulimie), 19 – 3.4/Jeu pathologique, 23 – 3.5/Tabagisme, 27 – 3.6/Autres addictions, 28.

  4 / Place dans la nosologie 34

  5 / Distribution des formes d'addiction 39

  6 / Conclusion : De l'utilité de ce regroupement 41

2. PSYCHOPATHOLOGIE DE L'ADDICTION 45

  1 / Les modèles psychologiques 48

    1.1/Les conceptions cognitivo-comportementales, 48 – 1.2/Le modèle de la recherche des sensations, 51 – 1.3/Le modèle de Stanton Peele, 54.

  2 / Les modèles psychanalytiques 56

    2.1/Le transitoire et l'échec de la transition (McDougall), 58 – 2.2/Les « pratiques de l'incorporation » (P. Gutton), 62 – 2.3/Les assises narcissiques et l'objet (Jeammet), 64 – 2.4/Le modèle de l'ordalie (A. Charles-Nicolas et M. Valleur), 67 – 2.5/Vers une psychopathologie de l'addiction ?, 71.

3. CLINIQUE DES ADDICTIONS 79

  1 / Les toxicomanies 79

  2 / L'alcoolisme 88

  3 / La boulimie 92

  4 / Le jeu pathologique 99

5 / La sexualité compulsive (« addictive ») 103

6 / Les tentatives de suicide répétées.. 105

7 / Le tabagisme 113

8 / Les achats compulsifs 116

9 / Comportements de risque.. 117

10 / Efforts physiques.. 118

CONCLUSIONS 121

BIBLIOGRAPHIE 125

Introduction

Le terme « addiction », nouveau venu sous la plume des psychopathologues francophones, n'est pas réellement un néologisme d'origine anglo-saxonne. Vieux terme français provenant du latin, il désignait en droit la contrainte par corps de celui qui, ne pouvant s'acquitter de sa dette, était alors mis à la disposition du plaignant par le juge. « Addiction » (en fait *ad-dicere* : « dire à » au sens d'attribuer quelqu'un à une autre personne) est donc un mot français, détourné de son sens par les anglo-saxons, que nous redécouvrons comme un anglicisme – récent. Comme l'a montré Yvorel, le terme a donc évolué du vocabulaire juridique au lexique médical, du français à l'anglais pour reprendre un autre sens en français. Faudrait-il le retraduire ? Les mots dépendance, assuétude, manie, ont été proposés, mais restituent-ils la dimension spécifique de l'addiction ?

La question avait déjà été mentionnée sous plusieurs formes par des précurseurs qui, sans employer le terme d'addiction avaient évoqué ces analogies entre des troubles différents. Fenichel avait parlé des *toxicomanies sans drogues* pour évoquer d'autres comportements de dépendance et, dans la préface de l'ouvrage de Krafft-Ebing sur les perversions, Janet préfigurant la question du comportement addictif avait affirmé : « Je crois qu'il faut aller plus loin et reconnaître que le même malade peut être tantôt dipsomane, tantôt cleptomane, tantôt dromomane ou érotomane. » L'actuelle apparition de ce concept dans la psychopathologie francophone correspond à une mutation historique qui, curieusement, concerne autant le champ de la psychopathologie que celui de la taxinomie psychiatrique. Dans ce contexte, après une longue période de séparation des différentes conduites de dépendance liée aussi à des phénomènes institutionnels, la notion d'addiction opère un regroupement à la fois descriptif, théorique, thérapeutique et institutionnel (services spécialisés de traitement des addictions). Au plan théorique l'apparition du concept participe de l'intérêt renouvelé pour les troubles des comportements et plus particulièrement pour les passages à l'acte et les situations de dépendance, pour lesquels les modèles antérieurs, plus généraux (en termes de maladie ou d'organisation), sont jugés, à tort ou à raison, insatisfaisants. Les modèles psychopathologiques tentent de produire deux types de modèles complémentaires : les premiers répondent à l'analyse de chaque addiction prise isolément et restituent sa spécificité, les seconds tentent de donner un modèle général de l'Addiction qui permette de replacer chacune des addictions particulières. Ces modèles ne peuvent être pour l'instant considérés comme pleinement opérationnels. De nombreux problèmes se posent en effet dans la définition même de l'addiction, dans la compatibilité de certaines théories de référence avec l'étude des comportements, dans les contradictions entre théorie du sujet et théorie du symptôme, dans les rapports entre compréhension clinique des problématiques individuelles et édification d'un modèle explicatif de l'Addiction. Mais il est clair qu'à partir du moment où l'on tente de produire ce modèle théorique, on se donne aussi comme objectif d'apporter des éléments pour la compréhension du passage à l'acte, de la dépendance et du plaisir.

La notion d'addiction

1

ÉTYMOLOGIE

L'originalité historique du terme « addiction » ne peut faire oublier qu'il désigne des phénomènes pour lesquels ont été utilisés les mots « dépendance », « assuétude », « s'adonner », « manie » et, de manière plus lointaine, « accoutumance », « contrainte », « habitude » (funeste ?). C'est que les conduites subsumées sous le terme d'« addiction » ne se limitent pas à la consommation abusive d'un objet ; l'« esclavage », l'« aliénation », l'« emprise » y apposent irrémédiablement leur marque. Comme « addiction », le mot « dépendance » appartenait au vocabulaire juridique médiéval et désignait la relation entre un fief vassal et un fief dominant. Il apparaît en psychiatrie dans les années 1960 (en 1964 pour la définition de l'OMS) pour remplacer « toxicomanies » qui paraissait plus trivial, voire stigmatisant, et désigner l'effet commun à l'ensemble des consommations de stupéfiants. Il avait été précédé au XIXᵉ siècle, et au début du XXᵉ, par les suffixes « isme » (« alcoolisme » en 1849, « morphinisme » en 1877) et « manie » (« morphinomanie » en 1898, « toxicomanie » en 1910). La distinction n'est pas sans importance : si le suffixe « isme » rappelle l'appartenance à un groupe d'idées, à un système ou à une corporation, « manie » suggère la fixité, la folie, la passion. Plus récente, la notion d'« assuétude », que l'on doit à Pelc, exprimait à la fois l'esclavage et l'habitude ; elle a d'ailleurs été pendant un temps la traduction francophone du (faux) anglicisme « addiction ».

2

DÉFINITION ET CARACTÉRISTIQUES
DE L'ADDICTION

« Addiction », employée de manière descriptive, désigne donc la répétition d'actes susceptibles de provoquer du plaisir mais marqués par la dépendance à un objet matériel ou à une situation recherchés et consommés avec « avidité ». Cette description clinique évocatrice n'est cependant pas suffisante pour délimiter clairement le champ des addictions. Goodman (1990) a formulé une définition opératoire de l'addiction en la décrivant comme un processus dans lequel est réalisé un comportement qui peut avoir pour fonction de procurer du plaisir et de soulager un malaise intérieur, et qui se caractérise par l'échec répété de son contrôle et sa persistance en dépit des conséquences négatives. Une liste de critères permet de délimiter le champ des addictions :

A/ Impossibilité de résister aux impulsions à réaliser ce type de comportement.
B/ Sensation croissante de tension précédant immédiatement le début du comportement.
C/ Plaisir ou soulagement pendant sa durée.
D/ Sensation de perte de contrôle pendant le comportement.
E/ Présence d'au moins cinq des neuf critères suivants :
  1) Préoccupation fréquente au sujet du comporte-

ment ou de sa préparation. 2) Intensité et durée des épisodes plus importantes que souhaitées à l'origine. 3) Tentatives répétées pour réduire, contrôler ou abandonner le comportement. 4) Temps important consacré à préparer les épisodes, à les entreprendre, ou à s'en remettre. 5) Survenue fréquente des épisodes lorsque le sujet doit accomplir des obligations professionnelles, scolaires ou universitaires, familiales ou sociales. 6) Activités sociales, professionnelles ou récréatives majeures sacrifiées du fait du comportement. 7) Perpétuation du comportement bien que le sujet sache qu'il cause ou aggrave un problème persistant ou récurrent d'ordre social, financier, psychologique ou physique. 8) Tolérance marquée : besoin d'augmenter l'intensité ou la fréquence pour obtenir l'effet désiré, ou diminution de l'effet procuré par un comportement de même intensité. 9) Agitation ou irritabilité en cas d'impossibilité de s'adonner au comportement.

F/ Certains éléments du syndrome ont duré plus d'un mois ou se sont répétés pendant une période plus longue.

Malgré cette description très stricte, il n'y a pas de sémiologie précise de l'addiction puisqu'elle se définit non comme un trouble spécifique mais comme une classe générique de phénomènes qui intègre des comportements isolés antérieurement et souvent considérés comme très différents entre eux. La question principale réside alors dans la place de cette catégorie dans la nosographie et dans l'extension de son champ (quels comportements y inclure ?). Mais, au-delà, elle pose un problème épistémologique et méthodologique de taille. Si le groupe des addictions est conçu, selon le vœu de Goodman, comme une classe syndromique regroupant une série d'autres troubles, elle s'oppose alors aux classifications antérieures puisqu'elle réunifie des troubles actuellement dispersés. Si elle est un concept psychopathologique (« organisation addictive ») qui vise à expliquer certains comportements différents en leur supposant un processus commun, elle s'oppose aux typologies classiques (névrose, psychose, perversion, états limites) qui concernent plus le sujet que le comportement ; le débat est, sur ce point, particulièrement vif. En outre, il devient évident qu'il y a des différences entre la définition de l'addiction par les conceptions syndromiques et celle des théories psychopathologiques : le même terme en vient à ne pas désigner exactement les mêmes choses. A l'extrême, on pourrait imaginer que tous les usages de drogues ne soient pas des addictions (puisque certains usages ne répondent pas aux critères de Goodman) et que, pour un psychopathologue, le terme d'addiction soit à réserver aux comportements toxicomaniaques dans lesquels apparaît un mode particulier de restitution d'une identité défaillante et un type de fonctionnement psychique particulier.

3

DESCRIPTION DES DIFFÉRENTS TYPES D'ADDICTION

Plusieurs comportements paraissent se classer sans difficulté parmi les addictions alors que l'intégration d'autres suscite plus d'interrogations, leur existence même n'étant pas toujours reconnue. La toxicomanie, l'alcoolisme, la boulimie, le jeu pathologique font partie des premiers alors que, historiquement, les tentatives de suicide répétées, les achats compulsifs, les conduites de risque, l'anorexie, les addictions sexuelles, les excès de dépense physique ou de travail appartiennent au second.

3. 1 / Toxicomanie

Nous maintenons à dessein le terme de *toxicomanie* dont l'ambiguïté nous paraît féconde. En effet, il désigne l'abus et la dépendance à l'égard de produits illicites ou licites possédant des propriétés de modification de la conscience, de la perception de soi, de ses capacités et du monde extérieur. Mais en même temps, dans l'image profane, la toxicomanie se réduit à la consommation de substances illicites ou obtenues de manière illicite, ce qui connote ce comportement d'une dimension d'interdit et confère à son auteur (le toxicomane) une image particulièrement négative. Or la liste des produits illicites est extensive et ce n'est certes pas le produit qui « fait » le toxicomane. Ici encore la distinction entre usage et dépendance est féconde. Enfin, les mots « toxicomanie », « toxicomane » sont revendiqués par certains comme une forme d'identité, même en l'absence de tout usage de toxique depuis des années. « Je suis toxicomane » est une formule introductive que les cliniciens connaissent bien, et qui n'implique pas que les sujets soient toujours consommateurs mais bien que leur identité se définit à partir du produit, de l'acte ou de la catégorie sociale.

Historiquement, le glissement entre les définitions successives montre bien les particularités de la notion. La définition OMS de la toxicomanie (*drug addiction*) de 1955 met l'accent sur la dépendance et l'augmentation des doses, puis celle de 1969 impose le terme de *pharmacodépendance*, enfin le DSM-3 et le DSM-3-R opposent « Troubles mentaux organiques induits par des substances psychoactives » (intoxication, sevrage, delirium, état délirant…) et « Troubles liés à l'utilisation de substances psychoactives ». Actuellement, le DSM-4 les regroupe sous la rubrique « Troubles liés à l'utilisation d'une substance » en distinguant : la Dépendance à une substance (tolérance, syndrome de sevrage...), l'Abus d'une substance, l'Intoxication, le Sevrage, les Troubles induits par une substance (pour chacune d'entre elles sont précisés les troubles comme l'anxiété, les troubles de l'humeur, du sommeil, les troubles psychotiques, le delirium, les troubles sexuels...). Le DSM-4, spécifie aussi les formes de toxiques (alcool, amphétamines, cannabis, cocaïne, hallucinogènes, opiacés, phencyclidine, sédatifs, hypnotiques, anxiolytiques...). Une difficulté émanait du DSM-3-R qui ne distinguait pas dépendance physiologique et dépendance psychologique en la réduisant au seuls aspects somatique et comportemental. Or, la dépendance physiologique à un produit prescrit n'est pas automatiquement une addiction : un malade cardiaque physiquement dépendant d'un médicament n'est pas un « addicté ». Le DSM-4, en proposant de spécifier s'il existe une dépendance psychologique ou physiologique, fait de l'addiction proprement dite un objet précis. Par ailleurs l'opposition entre usage de substances, abus et dépendance permet de dépasser certaines confusions. Si juridiquement l'usage, même épisodique, du cannabis est un délit, on ne saurait considérer qu'il s'agit d'une addiction. Seuls, parmi les sujets dépendants, ceux qui utilisent la substance psychoactive d'une manière conforme à la définition de Goodman pourraient présenter une addiction.

L'usage des drogues n'est pas la toxicomanie, même s'il en est le point de départ. Cet usage, qui fera le lit de la toxicomanie et de l'addiction, peut se réaliser sous la pression de phénomènes externes et internes : attrait du plaisir interdit, fascination par le danger potentiel ou les valeurs associées au toxique (fonction *initiatique* de la conduite toxicomaniaque, rite de passage de l'adolescence), curiosité, intégration dans une communauté (mode, pression du groupe, désir de ne pas être en reste, recherche d'un lien avec d'autres personnes partageant les mêmes positions), rejet des valeurs traditionnelles, provocation, évasion hors d'un monde hostile ou d'une réalité contraignante, augmentation des performances, des sensations... Mais ces facteurs concernent surtout la compréhension des raisons de l'usage, voire de l'abus de drogue, et ne suffisent donc pas à eux seuls à rendre compte de l'addiction toxicomaniaque et de la dépendance psychologique.

Le phénomène toxicomaniaque est donc beaucoup plus large que l'addiction aux substances psychoactives. Si le juridique s'intéresse principalement à l'usage, la psychiatrie, la psychanalyse, la psychopathologie sont plus directement concernées par la dépendance ou l'abus. Le problème psychopathologique concerne donc un mode de consommation « inadapté » (*i.e.* pathogène) de la substance : risques physiques, problèmes sociaux et psychologiques secondaires. Il y a au moins trois dimensions dans l'usage des drogues et l'évolution de la toxicomanie : une dimension culturelle et sociale (rapport avec l'acculturation, diffusion sociale des comportements, disponibilité du produit, rapports entre le malaise social et l'augmentation de la toxicomanie...), une dimension biologique (propriétés du produit), une dimension psychologique (rencontre entre l'organisation psychologique des sujets et les effets d'une substance, tentative de résolution d'un problème, dimension de recherche et d'une répétition de sensations plaisantes, apparition d'un néobesoin et d'un néo-objet...). Ce serait donc une erreur de penser que l'addiction toxicomaniaque est simplement provoquée par les propriétés toxicomanogènes des drogues consommées. Ce n'est pas uniquement le produit qui provoque la dépendance. Le toxicomane « addictif » est donc un sujet qui souffre triplement, d'abord dans ce qui le pousse à recourir à la drogue, ensuite dans ce qui l'empêche de rompre la dépendance et, enfin, dans ce qu'il subit des conséquences de la drogue (effets physiques, sociaux, mais aussi psychologiques). Il n'est pas seulement un patient dépendant d'un produit chimique, mais une personne qui tente de résoudre un problème, un malaise, et ne peut renoncer à cette solution pourtant dramatique. La toxicomanie, pour plaisants et/ou « autothérapeutiques » que soient ses premiers effets, se renforce elle-même, entrecoupée de brusques ruptures (périodes d'abstinence) qui peuvent être dus à des phénomènes extérieurs (rencontre, effets thérapeutiques, sevrage forcé, modification de l'environnement...).

Les conséquences de l'addiction toxicomaniaque sont variables selon les produits mais souvent désastreuses tant sur le plan physique que psychologique et social. La précarité dans laquelle vivent nombre de toxicomanes, le prix très élevé des produits et la nécessité de trouver des sommes de plus en plus importantes par des moyens aux conséquences négatives (prostitution, vol, trafic...), la perte des supports sociaux viennent redoubler les difficultés psychologiques. En outre les risques inhérents à l'injection (héroïne notamment) et à la transmission du VIH contribuent à péjorer très sévèrement les conséquences de la toxicomanie.

La diversité des produits, des individus, des situations invite à parler *des* toxicomanies et non pas seulement de *la* toxicomanie : la consommation addictive de cocaïne n'est certes pas comparable dans ses effets subjectifs et ses conséquences sociales et biologiques à celle de l'héroïne par voie injectable. L'irruption du SIDA sur le terrain de l'héroïnomanie a contribué à renforcer les relations entre toxicomanie et risque de mort, voire danger pour la société, mais a modifié les politiques sociales et le regard social. Mais, dans tous les cas, la confusion entre usage et addiction reste porteuse d'ambiguïtés et de conséquences dommageables tant théoriques que pratiques. L'addiction toxicomaniaque doit être considérée comme la contrainte irrépressible à consommer une substance et comme l'impossibilité de renoncer à cet usage.

3. 2 / Alcoolisme

L'alcoolisme est l'addiction la plus anciennement repérée, la consommation de breuvage alcoolisé – en fait d'éthanol – étant probablement presque aussi vieille que l'histoire des civilisations sédentarisées. Le mot alcool (du radical arabe *Al Khol*) a été introduit en Occident au retour des croisades et au XVIᵉ siècle il désignera dans les breuvages ce qui est « subtil » au sens alchimique du terme. Si, à l'origine, le breuvage alcoolisé était intimement lié à la stricte régulation sociale du sacré et des élites possédant la technologie de fermentation, si les excès d'usage du produit se contentaient de quelques espaces temporels, festifs, rigoureusement définis, l'évolution des sociétés occidentales a autorisé l'accès de masse au produit et la règle d'usage à la discrétion de l'utilisateur ; dans ce contexte « l'élixir de vie » de l'alchimiste du XVIᵉ siècle a parfois pris l'allure de « l'assommoir » trois siècles plus tard.

La pathologie est nommée au siècle dernier (Magnus Huss propose le terme en 1849). L'alcoolisme désigne les manifestations pathologiques de l'intoxication due à l'alcool sur deux axes : les conséquences somatiques et la perturbation sociale occasionnées par l'« ivrogne ». Un siècle plus tard le modèle moral stigmatisant l'alcoolique est remplacé par le modèle biomédical de Jellineck proposant le concept de « maladie alcoolique » qui ouvrira une période de recherche intense de possibilités de traitement et concourra à faire évoluer le regard culpabilisant porté sur le buveur.

Depuis une quinzaine d'années le concept de maladie est délaissé au profit de la notion de *conduite pathologique complexe,* variable selon les individus et les environnements dont le noyau central reste bien la consommation excessive et répétée d'alcool, mais qui ne peut se réduire à une maladie homogène et autonome comme le souligne J. Adès. L'alcoolisme est aujourd'hui rapporté à l'histoire de l'individu au point qu'il faudrait parler « des alcoolismes » : les définitions du terme « alcoolisme » sont multiples et imprécises, obérant de ce fait les comparaisons de populations mal délimitées dans les études épidémiologiques, cliniques et thérapeutiques (Adès). Avec le DSM-3 on distinguera deux composantes majeures : l'abus (présence d'un ou plusieurs symptômes relatifs à l'utilisation pathologique de l'alcool, retentissement familial et/ou social de la consommation et durée du trouble supérieure à un mois) et le syndrome de dépendance (présence de l'un des deux critères relatifs à l'abus et présence d'une altération de la tolérance ou de signe(s) de sevrage). L'abus d'alcool et la dépendance peuvent (et non plus doivent) être associés, l'abus peut s'installer sans que la dépendance *stricto sensu* n'apparaisse dans un premier temps. Par ailleurs des recherches mettaient en lumière l'existence de conduite de dépendance en dehors de toute consommation de produit (dans le contexte des conduites passionnelles). La dépendance devenait le noyau central du phénomène dans sa dimension d'addiction. Très récemment, sous l'impulsion du DSM-4 et de la CIM-10, on s'accordera à considérer l'alcoolisme comme un trouble du comportement caractérisé par deux modalités :

A/ Conduite d'usage excessif définie par ses conséquences observables, négatives et récurrentes tant sur le plan de la santé physique et psychique que sur le plan social (familial, professionnel...) et médico-légal.

B/ Syndrome de dépendance à une substance psychoactive caractérisé par ses composants comportementaux, psychobiologiques, psychologiques et psychosociologiques se manifestant sur les plans physiologique, cognitif et social, et ouvrant à « un désinvestissement progressif des autres activités » (CIM-10). Au centre de la définition se trouve la notion de *craving* (besoin irré-pressible) : il peut y avoir les symptômes physiologiques – sevrage et tolérance (augmentation des doses pour obtenir le même effet chez le sujet) – ou non, l'alcoolo-dépendance se démarquant de sa composante de phar-macodépendance pour faire place à l'assuétude à l'alcool dans sa dimension psychique et sociale.

La diversité des personnalités, au sens des typologies des structures psychanalytiques, se rencontre dans les conduites alcooliques ; toutefois, l'écoute clinique de l'alcoolique permet de repérer quelques constantes. Dans les premiers entretiens, le langage est fait de bana-lités – « Les alcooliques parlent peu ou prou pour ne rien dire » (de Mijolla et Shentoub 1973) – plus riche ultérieurement, révélant l'immaturité affective, un senti-ment identitaire mal établi, une faible autonomie, des relations d'objet ambivalentes, une intolérance à la soli-tude, une propension au déni et à la dissimulation, un sentiment fréquent de perte du contrôle de soi. Il est tou-tefois difficile d'établir une unité psychologique chez des sujets aussi divers.

Les constantes sont d'autant plus difficiles à établir que l'on reste proche du niveau infraclinique d'alcooli-sation ; elles deviennent plus cernables dans l'alcoo-lisme chronique et les conduites qui peuvent conduire à la déchéance. Dix-neuf stades ont été proposés pour décrire la genèse de la chronicité et le cercle vicieux de l'alcoolisation : soulagement occasionnel puis soulage-ment permanent par alcoolisation, sentiments de culpa-bilité, incapacité à discuter le problème, épisodes médico-légaux (surtout l'alcool au volant), perte de contrôle, comportement de *self* grandiose et agressif, incapacité de tenir ses promesses, évitement des contacts sociaux, ressentiments divers et injustifiés, ali-mentation négligée, détérioration des valeurs morales, installation dans l'échec à combattre le phénomène. Le

DSM-4 reconnaît des *patterns* de chronicisation différents selon le sexe : chez les femmes la scansion est plus variable et les épisodes de rémission moins nombreux. Ces caractéristiques épidémiologiques n'empêchent pas la réticence des nombreux praticiens à continuer de distinguer un alcoolisme féminin et un alcoolisme masculin. Phénomène comportemental multifacette, l'alcoolisme fait l'objet d'un consensus quant à ses effets néfastes sur l'organisme et l'environnement social. Sur ce dernier point, insistant dans le DSM-4, sont à signaler les perturbations familiales, les conséquences médicolégales et leur genèse dans la désocialisation risquée par l'alcoolique, les perturbations et les incidences de coût économique et sociaux dans le monde du travail (15 % des accidents du travail seraient liés à une intoxication alcoolique), le rôle facilitant des environnements sociaux défavorisés.

Dans notre pays l'alcoolisme reste toujours un problème de santé publique de premier plan. Si la consommation du vin a chuté de plus de 50 % ces 20 dernières années, la consommation d'alcool fort et de bière reste stable. Les comportements évoluant dans le mouvement de notre société, les accents toniques des populations à risque se déplacent : particulièrement les jeunes constituent une population à risque, état aggravé par les handicaps cumulés (chômage, intoxications multiples, tabac, alcool, drogue dans les conduites de défonce), et le phénomène toucherait un jeune sur cinq. Au-delà, se développent des recherches sur les dépendances multiples, particulièrement la liaison tabacodépendance et alcoolodépendance. Cette comorbidité fait l'objet d'hypothèses biologiques et psychologiques en vue d'éclairer les liens épidémiologiques et cliniques étroits observés.

Par-delà la complexité et les imprécisions, l'alcoolisme chronique et certaines formes d'usages excessifs (dipsomanie) selon un cycle précis sont considérés comme une addiction sur la base des critères d'appétence irrépressible, d'agir répétitif, de tentative de résoudre un problème, d'effets nocifs (rétrécissement existentiel et conséquences négatives biopsychosociales). Toutes les consommations d'alcool, même excessives ne sont donc pas des addictions.

3. 3 / Troubles du comportement alimentaire (boulimie)

La boulimie, addiction essentiellement féminine, ne possède son autonomie nosographique que depuis peu. Auparavant indissociable d'autres entités comme l'anorexie et l'obésité, elle n'était considérée que comme un symptôme. En 1973 seulement sa singularité et son autonomie seront réellement reconnues. Etymologiquement, « boulimie » se décompose en « bou » (bœuf) et « limos » (faim) (« faim de bœuf »), mais elle ne saurait être confondue avec l'hyperphagie. La boulimie est définie par la survenue d'épisodes répétitifs de suralimentation excessive et incontrôlable – dont le caractère pathologique est perçu par la patiente – et qui conduisent parfois à utiliser des stratégies de lutte (dépenser l'argent autrement, éviter d'avoir du temps libre, se faire accompagner...). Ces accès surviennent en général après le travail, au domicile, à l'abri du regard des autres. Leur caractère *secret* lié au sentiment de *honte* explique que, souvent, l'entourage n'en a connaissance que tardivement.

Les boulimiques évoquent assez clairement leurs symptômes, les difficultés qui leur sont liées et donnent souvent l'impression d'être à la fois conscientes de leur trouble et dans l'impossibilité de le juguler malgré leurs nombreux efforts. Une de nos patientes décrivait ainsi ses accès : « Je sens comme une tension avec des picotements dans les doigts, une tension, ça me prend là (désigne la gorge). Je ne pense plus qu'à manger, n'importe quoi, n'importe comment, même les biscuits du chien une fois, je deviens comme folle, je ne sais plus ce que je fais... je suis comme une somnambule et plus j'avale plus j'en ai besoin, je me remplis, je ne peux plus m'arrêter, après je n'en peux plus, ça devient répugnant... après je m'endors et au réveil j'ai un sentiment de catastrophe et je me demande comment ça a pu encore m'arriver. »

L'accès est précédé d'une période de tension, d'une angoisse difficilement descriptible qui envahit progressivement le sujet, et d'une frénésie (folie et fureur) à manger. Des événements peuvent déclencher les accès (solitude, angoisse, conflit, expérience sexuelle...). Lors de l'accès une seule pensée guide la patiente : « Se remplir le plus vite et le plus possible » de nourriture. Le terme « remplir » met l'accent sur la quantité et non le choix : les aliments les plus facilement disponibles et déglutis seront absorbés en priorité – goût et saveur sont des sensations que le sujet ne perçoit plus. La patiente est même souvent incapable de nommer, d'identifier ce qu'elle a englouti, mais on peut retrouver des préférences alimentaires. La fin de l'accès est provoquée par des éléments divers : absence de nourriture, arrivée inopinée d'un tiers, malaise physique (sentiment de réplétion, étouffement, douleurs) et/ou psychique (vécu de dépersonnalisation).

L'après-crise est marquée par des phénomènes physiques désagréables (céphalées, nausées, douleurs gastriques ou abdominales, météorisme, distension, gonflement, fatigue) mais également par un profond malaise psychique : remords, honte, culpabilité, autodépréciation, sentiment d'être grosse, difforme et d'avoir perdu le contrôle de soi-même, envahissent la patiente. Cette souffrance psychique liée à la conscience du caractère pathologique de la conduite sera effacée soit par l'oubli trouvé dans le sommeil, soit par le vomissement, conduite d'annulation, qui soulage physiquement et donne le sentiment de retrouver la maîtrise de soi.

L'évolution de la boulimie est le plus souvent chronique et, dans la moitié des cas, se complique de troubles dépressifs et de troubles de la personnalité. La plupart des comportements boulimiques répondent précisément aux critères de l'addiction tant par la consommation avide et irrésistible, que par la répétition, la résolution d'un état de tension intérieure par sa poursuite malgré ses conséquences physiques, psychologiques, sociales et financières (achat ou vol de nourriture), par ses effets de polarisation (la vie du sujet est entièrement centrée sur la nourriture).

La place de l'*anorexie* dans les addictions pose un problème majeur puisqu'on ne retrouve pas les critères de ce comportement (la dépendance, la compulsion, la répétition, la consommation avide). C'est son rapport avec la boulimie (alternance boulimie-anorexie) qui contribue pour une grande part à son intégration d'ailleurs contestée. « Anorexie » vient du grec « anorexia » et signifie « absence de désir » ; l'élargissement du sens a conduit à définir l'anorexie comme « l'absence de faim ». Elle consiste en un trouble du comportement alimentaire survenant chez une adolescente entre 12 et 20 ans et se traduisant par une triade symptomatique : amaigrissement, anorexie, aménorrhée. Pour porter le diagnostic une perte de 10 % du poids antérieur est exigée (25 % pour Feighner), mais elle excède parfois 50 % du poids normal pour l'âge. Le poids est parfois difficile à évaluer avec précision du fait de falsifications (ingestion de boissons avant la pesée, lestage des vêtements). L'amaigrissement est responsable d'un corps sans relief, décharné, que la patiente cache derrière des vêtements amples ou exhibe avec un sentiment de triomphe. L'intensité des activités physiques et sportives, l'absence de fatigue coexistent avec l'amaigrissement et les troubles somatiques, dans une mise à l'épreuve permanente du corps non dénuée de risques.

En général, l'entrée dans l'anorexie se fait par un régime motivé par un discret embonpoint, ou par des plaintes sur la sphère digestive. Mais l'anorexie n'est jamais totale et laisse percer la sensation de faim, sensation qui est déniée par la patiente. Certains ont même pu penser que la jouissance de la faim (*orgasme de la faim*) et l'hypervigilance du jeûne étaient les plaisirs recherchés par ces sujets ; si elle était fondée, cette thèse soutiendrait celle de l'addiction. L'anorexique engage un véritable combat contre les perceptions corporelles et contre le corps perçu comme une menace ; le triomphe de celui-ci est révélé par la survenue d'accès boulimiques vécus avec un intense sentiment de culpabilité et d'humiliation (pour avoir cédé aux besoins du corps). L'anorexique n'aura de cesse de reprendre le contrôle de son corps par le biais de conduites d'annulation telles que les vomissements, ou la prise de diurétiques ou laxatifs qui ne seront pas sans conséquence somatique.

L'anorexique a des problèmes avec la nourriture mais surtout avec son corps, ce dont témoignent la méconnaissance de la maigreur (trouble de la perception du corps), le désir éperdu de minceur, la peur de grossir (*phobie du poids*), l'existence de dysmorphophobies (*hypocondrie de l'apparence*), le déni des besoins physiologiques, l'hyperactivité paradoxale ou encore le refus de reconnaître la fatigue (mettre à l'épreuve le corps, tester les capacités de maîtrise et d'endurance). La sexualité est désinvestie, l'anorexique déniant à son corps tout plaisir ; Galdston évoque à ce propos « une phobie du plaisir corporel ». La vie intellectuelle est souvent surinvestie (boulimie de connaissances au détriment de la créativité) ; « moins de corps et plus d'esprit » semble être la devise, jamais formulée, des anorexiques. La vie relationnelle est soumise au dilemme existentiel « comment tenir le plus à distance ce dont on ne peut se passer ? », d'où découlent la

volonté d'autosuffisance, le déni des liens, la méconnaissance de la dépendance, la relation d'emprise et
l'attitude de *défi* autant à l'égard de soi-même que des
autres. Valérie Valère a bien décrit cette position :
« L'heure des repas était particulièrement insupportable.
Cette femme au teint mat, ma " mère ", pleurait quelquefois, criait toujours et me révoltait. Elle ne supportait
pas ce défi, c'était la preuve que je l'avais bien choisi.
Pourquoi resterais-je avec des gens qui ne comprennent
rien ? » (*Le pavillon des enfants fous*, p. 32).

L'anorexie mentale ne répond donc pas directement
aux critères de l'addiction. Elle peut avoir pour fonction
à la fois de procurer du plaisir (celui du jeûne) et de
soulager un malaise intérieur, et se caractérise par des
échecs répétés du contrôle du comportement et par sa
poursuite en dépit des conséquences négatives. Mais il
s'agit plus d'un non-agir continu que d'un comportement impulsif avec préparation, lutte et soulagement...
La référence à l'addiction est, semble-t-il, fondée plus
sur la référence aux modèles psychopathologiques et sur
ses rapports avec la boulimie (« défense contre l'irruption de la boulimie ») que sur des éléments sémiologiques. On sait notamment que pour Hilde Bruch anorexie et boulimie sont les deux manifestations cliniques
du même trouble et, dans ce cas, la référence à l'addiction pourrait se justifier. Peut-être faudrait-il dire que
l'anorexie n'est pas en tant que telle une addiction, au
sens de Goodman, mais que ce comportement peut être
utilisé de manière addictive par certains sujets qui
emploieraient des mécanismes de défense identiques à
ceux des patients addictifs.

3. 4 / Jeu pathologique

Roger Caillois, dans *Le jeu et les hommes* (1958) dis-
tingue les jeux de compétition, de la chance, de vertige
et le simulacre. Le « Jeu de la chance » est fondé sur une

décision qui ne dépend pas du joueur, sur laquelle il n'a pas de prise, il s'agit de gagner sur le destin, l'arbitraire constitue le ressort du jeu. Le « Jeu de vertige » consiste à détruire un instant la stabilité de la perception et à infliger à la conscience lucide une panique voluptueuse (le but est la victoire sur soi-même, sur la peur et sur les dangers). Les joueurs pathologiques, tels que les définit le DSM-4 ou la CIM-10, sont des adeptes de ces deux types de jeux, la nécessité du hasard induisant, surtout quand le sujet perd, ce vertige essentiel à la jouissance. Si nous vivons dans une « société ludique », le jeu s'apparente aussi aux « vices » provoquant des conséquences funestes : le joueur « malheureux » (mais en est-il d'heureux ?) a eu sa place dans la littérature (Dostoïevski, Schnitzler…), au théâtre ou au cinéma. Il est indéniable que certains comportements de joueurs présentent des caractères addictifs : avidité, extrême plaisir tiré de l'acte, dépendance, répétition, perte du contrôle. Les termes de « jeu pathologique » ou de « jeu compulsif » désignent cet état que le DSM-4 classe parmi les « Troubles du contrôle des impulsions non classés ailleurs » en soulignant le caractère insistant de la préoccupation pour le jeu, la durée, la tendance à l'augmentation (en fréquence et en importance des paris), l'incapacité à mettre un terme à la conduite, ses aspects dommageables, l'impossibilité à résister aux impulsions et les relations entre l'augmentation du jeu et les périodes de stress. Aussi n'est-ce pas le jeu de « distraction », pas plus que le « jeu professionnel » qui permettent de parler d'addiction mais bien l'usage particulier (compulsif) de certains jeux de hasard et d'argent. Le joueur pathologique serait donc celui qui tire un plaisir incommensurable et infiniment répétable du risque (ce qui suppose que la perte d'argent soit plus propice au plaisir puisqu'elle majore le risque) et qui vit dans l'apparent espoir d'annuler les effets du jeu (perte) par le jeu lui-même.

La vie d'un joueur pathologique est dominée par le jeu et organisée en fonction de celui-ci. Sans doute centre-t-il consciemment, mais illusoirement, son activité autour du gain : l'argent est supposé résoudre tous les problèmes et procurer toutes les satisfactions. Mais à mesure que le joueur avance dans son aventure – odyssée ou chute ? – il s'avère que le problème est moins l'argent que le gain, dont d'ailleurs il ne sait que faire ; l'accumulation est le projet de l'avare, le fait de gagner celui du joueur. Schnitzler le révèle dans *Les dernières cartes*, le jeu ne débouche pas sur le gain mais sur le jeu : « S'il s'arrêtait de jouer, rien ne pouvait plus arriver, et c'était parfait. Mais une envie incoercible, un désir infernal le tenaillait. Il voulait vider le portefeuille du consul, s'adjuger comme par magie le restant des billets de mille. Il s'agissait là d'une réserve qui lui eût permis de tenter sa chance dans la vie. Il n'y avait pas que le baccara, il y avait les courses de la Freudenau, les courses du trot, les tables de jeu de Monte-Carlo... »

Pour certains, le jeu semble suivre une évolution lente par phases successives. Dans un premier temps le sujet possède une « chance » initiale et développe des talents qui se forgent avec l'habitude. Puis vient le gain important qui semble induire un optimisme injustifié et déraisonnable. Les pertes sont à la mesure de l'importance des paris engagés et le sujet commence à connaître des difficultés sociales, personnelles et financières ; son espoir réside dans la possibilité de « se refaire ». Enfin, l'augmentation des pertes le conduit à des moments de désespoir où l'idée de la mort apparaît mais aussi les comportements délictueux permettant de se procurer de l'argent pour continuer à jouer. Cependant d'autres joueurs sont d'emblée pris par la passion du jeu sans qu'apparaisse un cheminement.

La « démocratisation » du jeu par la création de nombreux produits disponibles aisément (bureau de tabac, Minitel, « machines à sous » d'accès facile dans certains pays) a entraîné une augmentation du nombre de joueurs dépendants avec les conséquences financières que cela comporte. Certains de ces jeux (« machines » par exemple) introduisent une rupture dans les attitudes ; il s'agit de jeux solitaires, sans cadre extérieur marquant (le « théâtre » des cercles ou des casinos), avec répétition automatique des mêmes gestes et réponse immédiate de la machine. D'autres (paris, grattage par exemple, jeux sur Minitel…) sont parfois plus simples et mieux intégrés à la vie sociale mais peuvent entraîner de réelles dépendances… à l'illusion. Les sensations peuvent être différentes de celles procurées par la roulette ou le « multicolore », *a fortiori* par des jeux dans lesquels le hasard est partiellement contrôlé (poker) et le rôle de la chance minimisé ; la répétition du même mouvement, la solitude, la réponse immédiate ou l'attente des résultats du loto, ne provoquent pas exactement le même plaisir que le jeu contre d'autres partenaires ou l'attente à la « roulette » ou au « multicolor ». Bien que les joueurs qui fréquentent les tables (roulette, baccara…) dans les cercles ou les casinos aient tendance à considérer que les parieurs (PMU), les « gratteurs », et les adeptes de machines ne sont pas de « vrais joueurs », les mêmes dépendances peuvent apparaître.

Le jeu pathologique est considéré comme une addiction : des symptômes (manque, dépendance, tolérance) sont communs aux joueurs et aux toxicomanes. Considérer le jeu pathologique comme une addiction pose néanmoins plusieurs problèmes. Comme dans la boulimie ou certaines toxicomanies, la dépendance physique n'existe apparemment pas, bien qu'il existe de nombreuses sensations physiques procurées par cette activité sociale détournée. S'il n'y a pas réellement de syndrome de sevrage au sens où l'on en parle dans certaines pharmacodépendances, on aurait pourtant retrouvé des manifestations corporelles lors de la cessation brutale du comportement, ou lorsque le sujet y pense. Contrairement aux autres addictions nous n'avons pas ici de consommation d'un objet provoquant transformation de la conscience et accoutumance.

3.5 / Tabagisme

Il représente une situation particulière. La consommation élevée de ce produit entraîne une dépendance à la nicotine elle-même responsable d'un syndrome de sevrage en cas de suppression du produit ; le DSM-4 reconnaît d'ailleurs ces deux troubles. Mais il n'est pas possible de confondre utilisation – voire abus – du tabac et addiction, d'autant que cette activité parfois machinale ne recoupe que très partiellement les critères fournis par Goodman, notamment ceux qui ont trait à la préparation du comportement et au temps qui lui est consacré. On ne pourrait donc évoquer l'addiction que pour les situations dans lesquelles le grand fumeur dépendant utilise le fait de fumer pour se soulager d'un malaise intérieur et perturbe ainsi sa vie sociale (moins important que celui du jeu ou de la drogue, son coût est de plus en plus élevé), ce qui limite l'inclusion des grands fumeurs parmi les sujets présentant une addiction.

Le tabac est un « précurseur » ou un « accompagnant » d'autres comportements susceptibles d'être addictifs (toxicomanie, alcoolisme), mais il possède des effets psychoactifs relativement faibles même si des sujets évoquent l'augmentation – non prouvée – des capacités de concentration, voire des performances cognitives. En revanche le sevrage se caractérise par des sensations désagréables (irritabilité, besoin de nicotine, anxiété, agitation, colère, augmentation de l'appétit...). Un certain nombre des effets de l'arrêt du tabac interviennent d'ailleurs dans les difficultés à abandonner le comportement : la prise de poids, les troubles de la mémoire et de la concentration, l'irritabilité, voire la réapparition d'éléments dépressifs sont parfois mal supportés ainsi que l'abandon du plaisir tiré de certaines cigarettes particulières (« les meilleures », celles qui accompagnent des moments précis comme le petit déjeuner, le café ou la collation). Mais ces facteurs n'impliquent pas que toute consommation importante de tabac soit une addiction.

Le tabac est étroitement lié à des circonstances sociales dans lesquelles interviennent la réduction de l'anxiété liée à la situation de groupe, la posture, la régulation des phénomènes émotionnels, les rituels, l'automatisation de certains comportements et des circonstances particulières (sorties, sentiment d'ennui, ambiance musicale, excitation, consommation d'alcool...). L'utilisation du tabac est aussi dépendante de phénomènes culturels et psychologiques : affirmation de soi, identification à des modèles, sentiment de libération par la transgression, sentiment d'une prise de risque, adjuvant permettant l'affirmation de soi, voire la réduction de certains troubles de la personnalité... Si ces éléments sont propices à la découverte du tabac, à sa consommation et à l'impossibilité de s'en défaire, le terme d'« addiction » paraît pourtant bien fort pour cette conduite banale et doit donc être réservé à quelques situations électives.

3. 6 / Autres addictions

Sexualité « compulsive » (addictive). – Les auteurs anglo-saxons ont produit le concept d'« addiction sexuelle » (Carnes, 1983) pour désigner des comportements sexuels tant normaux que déviants (paraphilies) fréquents, polarisant l'existence du sujet et suscitant dépendance. Le DSM-4 invite d'ailleurs implicitement à le faire puisque, dans les « Troubles du contrôle des impulsions », il indique que d'autres modalités de ces troubles sont classées, entre autres, dans les paraphilies.

Pour ces dernières, il utilise comme critère de gravité la distinction des sujets qui agissent sous l'emprise de leurs impulsions et les autres. Mais la sexualité addictive ne se limite pas à la sévérité de certaines paraphilies. Pour Reed et Blaine les addictions sexuelles se caractériseraient par une incapacité à établir une relation sexuelle saine et gratifiante avec le partenaire, par l'apparition, au cours de l'acte sexuel, d'un état mental similaire à celui décrit par les toxicomanes (vécu de déréalisation), par la négligence de son entourage au seul profit du comportement sexuel, par des conduites de dissimulation et l'utilisation préférentielle du déni. Le comportement addictif est vécu comme ayant seul une réalité alors que les autres secteurs paraissent vides ou factices. Reed décrit un cycle en quatre étapes qui s'intensifie à chaque répétition : 1/ phase d'obsession (le champ psychique est entièrement dominé par ces préoccupations, ce qui provoque la recherche de stimulations sexuelles) ; 2/ phase de ritualisation (exécution d'actions précédant le comportement sexuel, le rituel intensifie les obsessions et accroît l'excitation) ; 3/ phase compulsive (exécution de l'acte sexuel précis, dicté par les obsessions et la ritualisation, le sujet ne peut contrôler ou interrompre son comportement) ; 4/ phase de désespoir (sentiment d'impuissance devant son comportement). Le comportement sexuel répété serait d'abord utilisé comme un moyen de résoudre les conflits internes, puis le processus aurait tendance à s'autonomiser, chaque répétition de l'addiction augmentant la dépendance, le processus addictif commencerait à envahir différents secteurs de la vie, enfin, les *stimuli* les plus divers déclencheraient le cycle addictif. On a même décrit des symptômes de sevrage en cas de cessation du comportement !

Si le clinicien peut souscrire sans peine à certaines de ces descriptions, il est toutefois inquiet du vocabulaire normatif et de la difficulté à faire cliniquement la part, dans cette définition, de l'attachement, de la dépendance amoureuse, et de la fréquence des rapports sexuels. Don Juan serait-il un « addicté sexuel » ? Et Casanova dont les Mémoires révèlent les prouesses ? Cette conception de l'addiction soulève des problèmes éthiques, épistémologiques et cliniques. On mesure combien peuvent être mélangées ici des situations cliniques différentes : la passion amoureuse, la jouissance sexuelle, le don juanisme, l'exclusivité d'un scénario et sa fixité qui rappellent la perversion, l'étayage sur un objet externe de l'état limite, la banale dépendance amoureuse du névrosé... L'extension de la notion d'addiction aux comportements sexuels dans lesquels le plaisir, la répétition, et certaines formes de concupiscence, sont évidemment présentes, est donc contestable et doit être qualifié de « métaphorique » : elle dessine l'*image* d'un individu dépendant de l'acte sexuel comme le toxicomane dépend de la drogue. Mais cet usage métaphorique est trop dépendant de la réflexion psychopathologique sur la nature de l'objet (objet partiel), la recherche de répétition, la perversion (déni de la castration) pour que l'on puisse se contenter de cette simple description. L'histoire des idées a d'ailleurs de curieuses ironies : c'est à partir de la masturbation que Freud avait tenté de formuler une hypothèse concernant l'usage de drogue et d'alcool, c'est à partir de la métaphore de l'addiction que l'on pense, en dehors de toute référence à Freud, certains comportements sexuels qui, pour se réaliser à deux, n'en ressemblent pas moins à des activités masturbatoires. A l'époque du *politiquement correct* – c'est-à-dire du conformisme et de l'ordre moral – les risques de transformer la fréquence des rapports sexuels ou des partenaires en une pathologie (ou une anormalité) sont indéniables même s'il reste cliniquement pertinent de considérer que des patients ont une façon de concevoir la sexualité comme une consommation avide, répétée et suscitant une dépendance analogue – mais pas forcément identique – à celle du boulimique ou du toxicomane.

Tentatives de suicide répétées. – Plusieurs auteurs (Pedinielli, Vénisse, Adès, Bailly) ont été tentés de rapprocher certains comportements suicidaires fréquemment répétés, des addictions. Cette classe ne correspond pas à toutes les tentatives de suicide répétées mais seulement à certains gestes qui ne sont pas en rapport avec un fait précis et semblent répondre à une logique interne de recherche d'un produit à ingérer, d'un état de conscience modifié (perte de conscience), voire d'une situation de soin. Ce type d'hypothèse avait déjà été évoqué à propos des pathomimies (scarifications volontaires, *deliberate self-harm syndrome*) ou de certaines automutilations (phlébotomies) caractérisées par la tension préalable, l'envie irrépressible, la tentative de résoudre un conflit interne et la répétition. La manière dont certains sujets décrivent leurs tentatives de suicide (« quand ça vient je peux pas m'en empêcher, je me sens attiré »), évoquant le choix d'un moyen ou d'un produit (« j'ai découvert le Tranxène »), le plaisir procuré (« je me suis sentie partir »), le désintérêt pour les conséquences, les fréquentes idées de suicide perçues positivement par le sujet, la manière de décrire l'attirance pour le produit, l'état de tension (« toute la journée j'y ai pensé avec délectation ») et l'effet de soulagement (« je me sens bien maintenant ») renforcent l'analogie avec les addictions. Mais les situations sont malgré tout différentes : il n'existe pas réellement d'objet (de produit) ni de sevrage, et surtout la vie n'est pas organisée autour de cette conduite qui apparaît plus comme un recours épisodique que comme une réelle addiction.

Il n'existe pas de définition précise – avec des critères stricts – pour isoler les « tentatives de suicide addictives » dans le champ déjà conceptuellement flou des « tentatives de suicide ». L'usage du terme est donc, ici encore, *métaphorique* dans la mesure où il s'appuie sur des parentés avec d'autres addictions comme la manière dont ces suicidants évoquent leur geste, ou comme l'existence de la prise de risque et d'une conduite ordalique. Mais les particularités psychopathologiques des sujets (défaillance narcissique, impossibilité d'introjection de l'objet, c'est-à-dire de constitution de l'identité) et la fonction des gestes (dimension d'autoengendrement, phénomène qui contient en lui-même la nécessité de répétition) contribuent à soutenir l'hypothèse de l'addiction.

Dans l'état actuel de son utilisation dépourvue de critères et sans réel rapport avec la sémiologie des autres addictions, la notion d'« addiction suicidante » est donc extrêmement problématique et son intérêt descriptif est secondaire à ce que permet le modèle psychopathologique de référence. L'attrait de cette notion d'« addiction suicidante » réside dans le rôle qu'elle fait jouer à la tentative de suicide comme *acte initiatique* qui oriente le sujet non seulement vers une forme de solution aux problèmes internes ou externes, mais aussi vers un processus de restitution de l'identité. Il s'agit donc d'un usage inversé : sur la base d'une analogie on intègre un comportement dans une classe, puis à partir du modèle psychopathologique de cette classe on tente de comprendre le comportement en question.

Les achats compulsifs. – Comportement permanent ou intermittent, l'achat impulsif et irrépressible soit d'objets inutiles, soit d'objets utiles en plusieurs exemplaires, est source de difficultés financières significatives (surendettement, interdiction de chéquier, faillite personnelle), ou même à l'origine d'actes médico-légaux (vols, chèques sans provision). On retrouve dans ce comportement les éléments qui fondent l'acte addictif, notamment une irrépressible envie d'acheter, une tension avant le comportement, sa résolution par la réalisation d'achats. Bien que les « achats pathologiques » soient prépondérants chez la femme, on les rencontre également chez l'homme. La nature de l'achat est variable ; chez la femme il s'agit le plus souvent de vêtements, de produits de beauté, d'appareils ménagers, de meubles, chez l'homme, un vêtement, du matériel vidéo ou informatique, ou des accessoires automobiles. Ces objets sont rarement utilisés ou portés, souvent ils sont délaissés dès l'achat effectué ; c'est moins la possession de l'objet qui est en cause que l'acte d'acquérir.

Même si les acheteurs pathologiques se retrouvent à toutes les époques de l'histoire, ces dernières décennies ils ont fait l'objet de nombreuses études de sociologues qui se sont intéressés aux rapports entre une société de consommation qui sollicite les conduites d'achat par le biais de la publicité et du marketing et un individu incapable de résister à une mise en acte impulsive d'un désir socialement stimulé. Véritable fléau social aux Etats-Unis l'« achat pathologique », encore appelé *buying spree* (frénésie d'achats) est à l'origine de la création de groupes d'« Acheteurs anonymes » sur le modèle des « Alcooliques anonymes ». Ces groupes proposent des programmes de désintoxication pour les *credit-addicted*.

La question du rapport entre le normal et le pathologique se pose encore une fois de manière aiguë. En quoi le surendettement serait-il une pathologie ? Il faudrait pour cela que la souffrance apparaisse ; toute conduite sociale problématique ne peut être identifiée à une pathologie. Aussi faut-il préciser que c'est la compulsion et l'échec de la lutte du sujet, sa critique du geste qui peuvent permettre de le considérer comme pathologique ; *a priori*, tout achat excessif n'est pas un « achat pathologique ». En outre certains achats excessifs peuvent être l'expression d'une pathologie mentale (« symptomatiques » d'accès maniaque, d'une démence, d'une schizophrénie, d'une dépression, d'un trouble de la personnalité) ; dans ce cas il est difficile de les considérer comme une addiction sauf à la voir elle-même comme une « addiction symptomatique » d'une autre affection. Les achats pathologiques peuvent aussi être associés à d'autres comportements addictifs.

Certaines conduites d'« achats pathologiques » sont bien des addictions comme en témoignent leur caractère irrépressible et répétitif, la perte de contrôle qui les accompagne, la précession par un état de tension interne soulagé par la réalisation, la répétititon du comportement malgré ses conséquences négatives. Mais il serait vain de vouloir faire entrer *tous* les comportements d'achats excessifs dans cette catégorie.

Autres comportements. – On a aussi avancé que certains sujets utilisaient les efforts physiques intensifs de manière addictive. La parenté de traits entre marathoniens et anorexiques a renforcé cette intégration. Certaines activités de sport intensif, mais aussi certaines conduites de risque provoquant des sensations fortes (saut à l'élastique, cascades…) avec une recherche extrême du danger, ont pu être aussi considérées comme appartenant aux addictions. De même l'acharnement au travail (*workoholics*) a-t-il pu être rapproché des addictions. Ces usages du terme sont toutefois fondés sur des analogies partielles et ils ont plus un effet de révélation de certains aspects de ces comportements qu'une réelle pertinence taxinomique.

4

PLACE DANS LA NOSOLOGIE

Goodman (1990) a beaucoup insisté pour défendre le concept intégrateur d'« Addictive disorder ». Son but est de formuler en termes généraux (et non pas restreints à un comportement particulier) une liste de critères diagnostiques pour une catégorie hiérarchiquement sur-organisatrice qui subsumerait les troubles addictifs individualisés. Mais l'élargissement du concept d'addiction ne se retrouve pas dans les classifications actuelles : le terme lui-même est absent de la CIM-10, comme du DSM-4. La plupart des comportements addictifs sont isolés et ne sont pas classés dans les mêmes rubriques. Dans le DSM-4 le jeu pathologique est situé dans les « Troubles du contrôle des impulsions », la boulimie et l'anorexie appartiennent aux « Troubles de l'alimentation », alors que l'alcoolisme et la toxicomanie font partie des « Troubles liés à l'utilisation de substances ». Il en est approximativement de même pour la CIM-10 dans laquelle les troubles appartenant aux addictions sont répartis dans des rubriques distinctes. La catégorie DSM-4 « Trouble du contrôle des impulsions non spécifié ailleurs » et celle de la CIM-10 « Autres troubles des habitudes et des impulsions » pourraient recueillir certaines des addictions non répertoriées puisque la définition précise : « Le sujet ne parvient pas, de manière répétitive, à résister à des impulsions le poussant à adopter ce comportement, avec une période prodromique de tension suivie d'un sentiment de soulagement lors de la réalisation de l'acte. »

Il est toutefois étonnant que les autres comportements comme la kleptomanie (vols impulsifs), la pyromanie (incendiaires impulsifs), la trichotillomanie (impulsions à s'arracher les cheveux ou les poils) qui, dans le DSM-4, appartiennent comme le jeu pathologique aux « Troubles du contrôle des impulsions non classés ailleurs », soient très rarement considérés comme des addictions. Seule la kleptomanie est quelquefois mentionnée par analogie avec « les achats pathologiques ». Or le DSM-4, et la CIM-10 ne diffère d'ailleurs pas sur ce point, précise que cette catégorie est résiduelle et que d'autres troubles du contrôle des impulsions se trouvent dans d'autres catégories comme les paraphilies ou les troubles liés à l'utilisation de substances psychoactives. Plus encore, les caractéristiques de ces troubles sont extrêmement proches de celles des addictions : impossibilité de résister à l'impulsion d'accomplir un acte dommageable pour soi ou pour autrui, sensation de tension ou d'excitation croissante avant la réalisation, sentiment de plaisir ou de gratification ou de soulagement au moment de l'acte. Aussi peut-on s'étonner que la pyromanie, la kleptomanie et la trichotillomanie ne soient pas plus fréquemment citées parmi les addictions. L'absence de dépendance physiologique (attestée par un syndrome de sevrage) peut expliquer cette position, mais plus que les critères sémiologiques, ce sont sans doute des positions psychopathologiques qui président à l'oubli de ces troubles.

Les autres classifications syndromiques ne font aucune place à ce groupe pas plus que les classifications psychopathologiques d'obédience psychanalytique. Il existe en fait ici encore une opposition entre un usage descriptif et un usage nosologique étiologique, entre les avancées de certains auteurs psychopathologues et la réalité des classifications. Il est vrai qu'on peut s'interroger non pas sur la pertinence mais sur l'intérêt de ce concept dans une perspective diagnostique et non pas psychopathologique.

« Addiction » fait référence à des situations pour lesquelles d'autres concepts ont déjà été employés, notamment ceux de « dépendance », d'« impulsion » et de « compulsion ». Si Goodman peut dire de manière lapidaire que l'addiction est égale à la dépendance plus la compulsion, il reste que l'usage des termes peut être plus délicat. Le terme de compulsion, comme celui d'impulsion, souligne une poussée, une force à laquelle le sujet peut difficilement résister et restitue la dimension de contrainte, de besoin, de perte de contrôle mais aussi de répétition que recèle la définition de l'« addiction ». Ils soulignent bien la dimension active (s'adonner) de l'addiction alors que la dépendance en désigne l'aspect passif. L'opposition entre compulsion (lutte contre le comportement) et impulsion (absence de contrôle et prise de conscience après le geste) traduit d'ailleurs les différences cliniques existant entre les comportements addictifs. La tendance actuelle à rapporter le terme de compulsion aux phénomènes obsédants, notamment dans le DSM-4, réduit la portée du concept mais invite aussi à réfléchir à certaines parentés entre les TOC et les addictions. La notion de dépendance, quant à elle, reflète le fait d'être « sous la domination de, appartenir à, faire partie de quelque chose, subordination, sujétion, soumission », mais aussi « corrélation, enchaînement, liaison, solidarité... ». Elle connote la dimension d'assuétude. Mais elle est aussi utilisée en psychiatrie pour désigner, outre les situations de dépendance à une substance, des traits de personnalité (personnalités dépendantes, passives-dépendantes...) dont la passivité, la non-assomption de la solitude, l'abandon, sont des caractéristiques majeures. Il existe donc des formes cliniques de compulsion, d'impulsion ou de dépendance qui n'ont rien à voir avec les addictions, ce qui plaiderait en faveur de l'utilisation de ce terme puisqu'il désigne des situations originales pour lesquelles les termes employés sont insuffisants et non spécifiques.

Les addictions offrent une parenté avec le groupe, lui aussi empirique, des *conduites de risque* à caractère pathologique qui, pour Adès, impliquent l'« engagement délibéré et répétitif dans des situations dangereuses, pour soi-même et éventuellement pour autrui, comportement non imposé par des conditions de travail ou d'existence, mais recherché activement pour l'éprouvé de sensations fortes, du jeu avec le danger et souvent, la mort ». Parmi ces comportements il classe les sports « à risque », la conduite automobile « à risque », les tentatives de suicide répétées, les addictions « sans drogue », la toxicomanie, les conduites sexuelles « à risque », la roulette russe. Cette classe de troubles est donc en intersection avec les addictions dans lesquelles le risque ou la sensation du risque ne sont pas toujours présents alors que certaines conduites de risque n'impliquent pas la dépendance. C'est le rapport fasciné du sujet au risque, sa non-maîtrise technique et sa maximalisation qui font qu'un comportement devient « à risque », c'est la dépendance qui fait de certains de ces comportements une addiction ; en revanche le cascadeur ou le sportif de haut niveau non addictifs tenteront de réduire, par la technique et les précautions minutieuses, la part de risque et de hasard.

Un des problèmes posés par l'addiction réside dans ses rapports avec les autres troubles présents chez le sujet : l'addiction est-elle primaire, symptomatique d'une autre affection ou associée à une autre pathologie ? L'idée qui prévaut dans la nosologie est celle de l'autonomie d'un trouble par rapport aux autres troubles mentaux, ce que la classification DSM-4 spécifie par la formule « Non dû à ». Autrement dit, la définition d'un trouble a d'autant plus d'intérêt qu'il s'agit d'une entité qui ne se ramène pas à une autre (critère de non-redondance) et qui n'est pas la conséquence directe d'une autre (critère d'autonomie) : les hyperphagies, la prodigalité d'un état maniaque entraînant des pertes au jeu, le simple usage ou abus de substances ne sauraient constituer des addictions, ce sont des comportements symptomatiques d'une autre affection. La plupart des auteurs pensent que l'addiction est un trouble primaire, non réducteur à un autre, mais qui est fréquemment associé à certains troubles.

La plupart des addictions sont accompagnées de troubles de l'humeur (boulimie, jeu, alcoolisme, toxicomanie) mais on retrouve fréquemment aussi des troubles de la personnalité (personnalité limite chez les boulimiques, antisociale chez les joueurs, les toxicomanes...), des troubles anxieux (agoraphobie chez les femmes, phobie sociale chez les hommes) chez les alcooliques. Mais il serait erroné de croire que tous les sujets présentant une addiction ont automatiquement un trouble associé. De même s'il existe un lien entre personnalité limite et addiction, la plupart des troubles de la personnalité sont représentés dans la population des sujets présentant une addiction.

5

DISTRIBUTION DES FORMES D'ADDICTION

Il est classique de rencontrer des sujets qui présentent plusieurs addictions, de manière concomitante ou successivement. Il appartient aux théories psychopathologiques de fournir une interprétation des rapports entre ces addictions chez un même individu : manifestations diverses d'un même processus (l'Addiction), défense contre une addiction par une autre (exemple boulimie et anorexie)...? On a pu rencontrer des sujets présentant des addictions concomitantes (multiaddictions) : boulimie et dépendance à une ou des substances psychoactives, boulimie et achats pathologiques, jeu et dépendance aux substances psychoactives. Les addictions successives, dont le couple boulimie-anorexie est le plus connu, sont aussi décrites : passage du jeu à la toxicomanie ou à l'alcoolisme, alternance entre boulimie et épisodes de tentatives de suicide...

L'absence d'une unification du concept d'addiction dans la nosographie limite naturellement la portée des études épidémiologiques. En outre, la définition même de certaines addictions (addictions suicidantes, sexualité addictive) rend très difficile leur dénombrement précis. Enfin, on confond parfois dans les études épidémiologiques l'usage et l'addiction. Bien qu'on puisse avoir une connaissance du nombre de sujets s'adonnant à tel ou tel type de comportement, les chiffres sont, en la matière, approximatifs.

La première constatation est la répartition différentielle selon les sexes, certaines addictions étant spécifiquement féminines (anorexie, boulimie), d'autres principalement masculines (jeu, certaines dépendances à des substances). Il s'agit là d'une question fort intéressante qui touche à la fois aux problèmes de société, à la manière dont chaque sexe tente de résoudre les conflits, mais peut-être aussi à des éléments biologiques. Selon les études, l'anorexie mentale aurait une prévalence qui varie entre 1/100 et 1/800 chez les filles de 12 à 18 ans. Parmi la population étudiante certains travaux ont retrouvé 4,5 % des filles et 0,4 % des garçons présentant des troubles boulimiques. L'Abus ou Dépendance à l'alcool toucherait plus de 13 % de la population américaine adulte à un moment de la vie. La Dépendance aux autres substances psychoactives atteindrait 5-7 % de la population à un moment ou à un autre de l'existence. Les différentes estimations réalisées font état de 600 000 cas de joueurs pathologiques en Espagne et de 1,1 million à 4,4 millions aux Etats-Unis. Les joueurs pathologiques, formeraient donc plus de 2,5 % de la population adulte et un groupe compris entre 1,5 % et 3,7 % serait constitué de « joueurs compulsifs probables ». Le trouble serait plus fréquent chez les hommes, débutant à l'adolescence et plus tardivement chez les femmes. La dépendance à la nicotine est très fréquente (15 % des sujets adultes à un moment où à un autre de leur vie), la dépendance aux sédatifs, hypnotiques ou anxiolytiques concernerait aux Etats-Unis entre 3 et 5 % de la population. En France 7 % de la population consommerait des tranquillisants ou des hypnotiques de manière chronique.

La lecture de ces chiffres aurait tendance à amplifier le problème mais il s'agit de définitions parfois très larges des comportements, que tous les sujets qui les adoptent ne présentent pas les caractéristiques de l'addiction et que la plupart de ces chiffres concernent la prévalence sur la continuité d'une existence et non pas l'incidence. Malgré ces précautions, force est de constater que l'addiction est composée de comportements fortement représentés dans le monde actuel. Comme ces comportements ont, à terme, des conséquences médicales sérieuses et des conséquences sociales (délinquance de certaines toxicomanes, ruine et délits chez les joueurs...), on admettra qu'il s'agit d'un problème majeur de santé publique, pouvant avoir des implications politiques comme l'ont montré les débats autour de la libéralisation de certaines drogues ou de la lutte antitabac, sans parler des profits du jeu.

6

CONCLUSION :
DE L'UTILITÉ DE CE REGROUPEMENT

On pourrait donc considérer le concept d'addiction comme incluant, parmi les comportements répétés, impulsifs, entraînant dépendance, deux groupes : un « noyau dur » (les addictions *stricto sensu* comme la dépendance aux substances psychoactives, la boulimie, le jeu pathologique) et un groupe pour lequel le terme « addiction » est employé dans un usage métaphorique (« suicide addictif », « sexualité addictive », « achats addictifs »...). La dépendance affective, la personnalité dépendante ne font pas partie des addictions, l'inclusion de la kleptomanie ou la pyromanie, même si certains éléments se retrouvent, est peu évoquée. Toutefois une grande prudence doit être apportée dans l'utilisation de certains termes commodes comme « alcoolisme » ou « toxicomanie » : tout utilisateur d'alcool ou de stupéfiant, même chronique, ne présente pas un comportement addictif si l'on ne retrouve pas cette avidité, cette répétition et cette impossibilité à lutter contre la dépendance. La sage distinction entre usage, abus et dépendance doit être maintenue. Ce qui signe l'addiction ce n'est pas le comportement en lui-même mais l'utilisation qu'en fait le sujet.

Formulé en termes sémiologiques, ce concept présente quelques incertitudes. Sa pertinence descriptive est pauvre puisqu'il ne permet aucun choix, mais sert seulement à rapprocher des conduites déjà reconnues et à opérer un regroupement de comportements dispersés par le DSM-4 et la CIM-10. Reconnaître la parenté formelle entre des comportements différents n'est pas inutile mais doit déboucher sur une conception plus explicative des troubles. Dans un premier temps, le concept rapproche des comportements jugés comme séparés, voire d'essences différentes, mais le rapprochement se fait en privilégiant certaines apparences dont la pertinence reste à démontrer. Ce qui définit la pertinence d'un regroupement de signes ou de comportements c'est soit la fréquence de leur coprésence, soit la détermination de leur association par un même processus pathologique qui se manifeste sous des formes concrètes différentes. Or, prise dans un sens purement descriptif, la notion d'addiction ne saurait répondre à l'une ou l'autre de ces exigences. Plus grave, elle pourrait donner lieu à des « théories-reflets » (nommer en termes théoriques des phénomènes concrets sur la base de ressemblance entre le comportement et le concept, par exemple estimer que l'anorexie est un problème oral puisque le sujet ne mange pas) sans aucun lien avec la réalité clinique. Mais malgré ces différents risques l'utilisation du concept d'addiction comme préalable à un regroupement de comportements ouvrant sur une réflexion psychopathologique nous semble une avancée non négligeable (pour la clinique comme pour la recherche).

Plus encore, la notion d'addiction pose le problème épistémologique de la définition du *pathologique* et de la légitimité d'une classification, d'une théorie psychopathologique et d'une intervention curative ou, plus incertaine, préventive. Deux problèmes principaux sont posés par les addictions. Le premier réside dans l'impossibilité de raisonner en termes purement taxinomiques et d'intégrer dans les addictions *tous* les comportements définis par un trouble du contrôle des impulsions ou une dépendance. Ces troubles ne sont des addictions que lorsqu'ils présentent *toutes* les caractéristiques et non une simple analogie de surface avec l'addiction. Le second problème tient au fait que certains de ces comportements ont plus trait à un dysfonctionnement dans la sphère sociale qu'à une pathologie au sens strict. Ce qui constitue la pathologie c'est la souffrance du sujet et non le caractère inhabituel, déviant, ou différent de son comportement. Certes, une conception pragmatique pourrait estimer que puisque le comportement est dommageable pour le sujet et qu'il existe des possibilités thérapeutiques, il doit être considéré comme pathologique. Mais une position plus critique amènerait à s'interroger sur le paradoxe d'une société qui pousse à la consommation, au jeu, à l'utilisation de substances et qui considère comme pathologiques, au même titre que la phobie, l'obsession ou la dépression, des excès de ces comportements. S'il ne fait aucun doute que certaines formes d'alcoolisme, de toxicomanie ou la boulimie peuvent être considérées comme pathologiques, en va-t-il de même des achats excessifs, du tabagisme, de la sexualité ou du jeu ? Ce sont la contrainte interne, la dépendance, la souffrance du sujet qui en font des pathologies et même dans ce cas sont-elles seulement des pathologies mentales ?

Psychopathologie
de l'addiction

Une approche psychopathologique de l'addiction se doit de rendre compte des phénomènes particuliers retrouvés chez les sujets qui présentent ce comportement mais aussi d'édifier un modèle explicatif général. Si l'on exclut de ramener la question de l'addiction à la spécificité de l'histoire individuelle (thèse de l'addiction comme « symptôme » au sens analytique), ou de considérer qu'elle est l'effet d'une pathologie particulière (états limites par exemple), ou de raisonner comportement par comportement (psychopathologie de la boulimie, psychopathologie de la toxicomanie, psychopathologie de l'alcoolodépendance...), l'analyse psychopathologique de l'addiction doit répondre à plusieurs questions qui traversent ce champ : de quelle nature est le plaisir tiré de l'addiction, quelle est la fonction de ce comportement, quelle est sa genèse, sur quels mécanismes repose la dépendance psychologique ? Car la question est à la fois celle de savoir ce qui pousse les sujets à consommer un produit toxique mais aussi ce qui les pousse à persister ou ce qui les empêche de cesser. Dès lors qu'on considère l'addiction comme n'étant pas exclusivement déterminée par les propriétés biologiques de l'objet (produit) ou de la situation mais comme répondant à une logique de résolution – certes mal appropriée – d'un problème interne ou externe, on s'ouvre à la nécessité d'une théorie psychopathologique autonome. Plus encore, l'analyse psychopathologique doit donner des points de repères permettant de rendre compte de ce qui se produit dans une thérapie – notamment dans une psychothérapie – de sujets présentant un comportement addictif, c'est-à-dire de suivre les mouvements successifs du sujet dans son rapport à l'acte, à l'objet de l'addiction et à ce qui s'y joue. Les théories psychopathologiques visent donc à fournir un modèle psychologique rendant compte du processus de l'addiction (et non pas de son étiologie) qui n'est donc pas exclusif des autres modèles (les différents modèles peuvent être complémentaires) ; ces théories comportent plusieurs faces selon les paradigmes auxquels elles se réfèrent : cognitivisme, psychanalyse…

Il existe naturellement des modèles biologiques qui s'intéressent spécifiquement à telle ou telle addiction. Des hypothèses ont été avancées sur la capture plaquettaire de sérotonine ou les bêta-endorphines, sur le rôle de la dopamine. Le système sérotoninergique est naturellement en cause dans un certain nombre de troubles du comportement, dans les troubles compulsifs, comme dans les manifestations dépressives ; or les addictions sont souvent associées à ces dernières. Le système dopaminergique semble aussi très impliqué dans la production des addictions et dans l'activation des systèmes de « récompense » mésolimbiques. Enfin, comme le rappelle Adès, certaines études portant sur les animaux ont pu mettre en relation les sécrétions de corticostérone, les conduites de recherche de nouveauté, d'autoadministration de gratification.

Mais ces hypothèses biologiques sont insuffisantes pour rendre compte de l'addiction considérée et ne permettent pas de constituer un modèle biologique de l'Addiction (en tant que catégorie générale). L'existence d'un substratum neurobiochimique commun aux addictions, et mettant en cause plusieurs systèmes de neurotransmetteurs n'est pas démontrée. De ce fait, il n'existe pas non plus de modèle biopsychologique intégré rendant compte des rapports entre phénomènes biologiques et psychologiques. Même le modèle de la recherche de sensations ne possède pas (encore) de substrat neuropsychologique suffisamment établi.

Il faut aussi considérer que les addictions sont un phénomène sinon moderne, du moins étroitement lié à l'évolution des sociétés occidentales. Leur prolifération notamment n'est pas sans rapport avec d'autres réalités comme la prévalence de la consommation de biens matériels et la transformation très particulière de comportements culturellement inscrits comme, par exemple, l'usage des drogues dans certaines sociétés (augmentation de l'intensité, moyens plus radicaux, marginalisation…). Il est patent que des facteurs sociaux favorisent l'apparition de certaines substances sur le marché et le recours des individus à ces produits ou situations. En outre les campagnes de sensibilisation à telle ou telle addiction ont des effets « sollicitant » pour quelques sujets. Enfin l'évolution de nos sociétés renforcent à la fois les valeurs individualistes et la croyance qu'il existe toujours un produit disponible pour modifier l'humeur, le malaise, la pensée ou les performances d'un sujet : peut-être la croyance en l'efficacité subjective des psychotropes fait-elle le lit de la croyance en la « solution toxicomaniaque » ? Toutefois la rencontre avec le produit n'implique pas l'addiction, pas plus que celle-ci se résume à l'accoutumance et aux effets sociaux de la consommation du produit. Une théorie sociologique de la *disponibilité* et de la *consommation* de produits ou de recours à certains actes ne nous semble pas actuellement en mesure de répondre du phénomène de l'addiction (dépendance).

1

LES MODÈLES PSYCHOLOGIQUES

1. 1 / Les conceptions cognitivo-comportementales

Les théories cognitivo-comportementales se sont avant tout consacrées à l'étude des comportements spécifiques. Il y a bien des modèles de la boulimie, de la toxicomanie, de l'alcoolisme... mais les théories générales de l'addiction ne sont pas encore formulées. On a toutefois, ici et là, des énoncés fort intéressants qui peuvent servir de base à la constitution future d'un modèle holistique. Le point est d'autant plus important que le domaine des addictions constitue une indication reconnue des thérapies cognitivo-comportementales.

La définition de l'addiction fait avant tout référence à la contrainte. Ainsi pour Marks elle est une impulsion irrésistible à s'engager dans un comportement néfaste. La particularité de ces comportements est d'évoquer le rôle des phénomènes d'apprentissage, du traitement de certaines émotions mais aussi de révéler le rôle du conditionnement opérant puisque les effets résultant de la prise du produit vont devenir la cause de la prise du produit, les résultats négatifs de la consommation vont induire le recours au produit pour les effacer. Dans l'addiction, il y a deux phases : une phase de préparation (phase anticipatoire) et une phase de consommation (effet latéral). Les deux situations sont différentes puisque la première est purement cognitive alors que la seconde est aussi comportementale. Les relations entre les deux phénomènes (cognitif et comportemental) doivent donc être étudiées.

Les conceptions cognitives impliquent un déterminisme réciproque des émotions, des cognitions et des comportements qui sont aussi en relation avec l'environnement. Les phénomènes cognitifs et comportementaux dépendent naturellement de processus de conditionnement (opérant, répondant, apprentissage social...) et les phénomènes cognitifs participent à la détermination des comportements. Ainsi les travaux issus des conceptions de Beck et analysant le traitement de l'information avancent que celui-ci dépend de structures cognitives (qui sont inconscientes, traitent automatiquement l'information, donnent un sens au vécu...) qui, à l'aide de processus cognitifs particuliers (mode de raisonnement) transforment les informations en événements cognitifs (représentations internes, images...) qui vont déclencher ou maintenir certains comportements. L'analyse fonctionnelle des différents troubles addictifs permet de relayer les facteurs qui peuvent rendre compte de l'apparition et du maintien de ces troubles. Plusieurs éléments vont intervenir : les types de personnalité, les traits psychologiques facilitant le recours, le système cognitif (ensemble de pensées), les situations déclenchantes, mais aussi les stratégies d'ajustement et les modérateurs (soutien social par exemple).

L'addiction se présente comme un cycle typique dans lequel on retrouve certains invariants : la frustration, le manque, les phénomènes anxieux, le comportement, les cognitions (qui ont trait à soi-même et aux autres). L'analyse va ainsi s'intéresser à deux aspects de l'addiction : le comportement, l'histoire. L'analyse du comportement s'intéressera aux trois composantes cognitive, comportementale et émotionnelle de l'addiction ainsi qu'à ses conséquences sur l'individu et sur son environnement. L'analyse de l'histoire se préoccupera des situations ou événements déclenchants et des facteurs de fragilisation qui facilitent le comportement ou ne permettent pas d'inhiber le recours à l'addiction. Le schéma général est assez simple : l'interaction entre les situations de fragilisation et les situations déclenchantes entraîne l'addiction qui comporte elle-même des conséquences cognitives émotionnelles, comportementales et sociales susceptibles d'interagir avec les situations déclenchantes et les facteurs de fragilisation. Parmi les facteurs de fragilisation on cite des *états* comme l'anxiété, les difficultés interpersonnelles, les difficultés de communication, la dépressivité, une faible estime de soi, une assertivité basse, l'impulsivité, une image de soi négative, l'anhédonie, et des *facteurs de personnalité* comme la recherche de sensations, les traits de personnalité antisociale, dépendante, limite, narcissique. Il s'agit naturellement là de facteurs hétérogènes dont le rôle est lié à des interactions entre eux, sans que tous les sujets qui présentent tel ou tel de ces éléments puissent être considérés comme potentiellement addictifs. Les traits et les types de personnalité sont naturellement des opérateurs essentiels dans la mesure où ils favorisent un certain type de traitement des informations et reposent sur des structures cognitives susceptibles de déclencher la recherche de solution par l'addiction et surtout l'impossibilité de renoncer au comportement. La conjonction entre ces facteurs de fragilisation et les situations déclenchantes (manque, conflit, échec, phénomène émotionnel, vide…) entraîne des possibilités diverses que l'on pourrait traduire en termes de besoins : se protéger, reprendre confiance en soi, restituer une forme de normalité apparente, agir, contrôler les situations, renforcer l'image de soi, annuler les effets négatifs de l'addiction. Les distorsions cognitives (pensée dichotomique, minimisation, filtre négatif…) liées aux structures cognitives assurent l'interprétation erronée des situations et après avoir initialisé le comportement, le rendent impossible à juguler. Plusieurs niveaux d'intervention sont alors possibles : intervention préventive (au sens de prévenir les effets pathogènes de ces facteurs dans le cas d'une addiction existante), sur les facteurs favorisants (entraînement aux aptitudes sociales, entraînement aux aptitudes cognitives, baisse de la perception de l'émotion, apprentissage de l'interprétation du stimulus émotionnel...), intervention spécifique et symptomatique (modification du comportement et de ses conséquences par restructuration cognitive, jeu de rôle, activité de maîtrise, extinction, exposition en imagination). Pratiquement, l'intervention consiste à agir sur les conduites addictives et sur les renforçateurs, à opérer des modifications de l'estime de soi et du traitement des émotions et, enfin, des processus d'autonomisation pour rompre le cycle de dépendance.

Le modèle cognitif de l'addiction est à reconsidérer en fonction de chaque addiction. Elles possèdent en effet leurs spécificités, tant du point de vue des mécanismes que des conséquences. Néanmoins, cette conception a le mérite de montrer, par le biais des relations entre divers facteurs, que l'addiction est un montage complexe dans lequel interviennent, sur le plan psychologique, un traitement particulier de l'information et des procédures de conditionnement. L'addiction n'est donc pas seulement la conséquence psychologique de phénomènes biologiques déclenchés par la prise d'un produit suscitant dépendance, mais un mode particulier de résolution d'un problème dont les termes dépendent aussi d'éléments psychologiques comme les facteurs de personnalité, les structures cognitives et les renforçateurs de la situation.

1. 2 / Le modèle de la recherche des sensations

A partir des années 1960, Zuckerman développe une série de recherches sur l'activation (notamment sur le besoin d'atteindre et de maintenir un niveau d'activation élevé (*Optimum Level of Activation*), besoin variable d'un individu à l'autre) et la recherche de sensations. Cette composante de la personnalité sera considérée comme un facteur explicatif de certains comportements dont les addictions. La recherche de sensations correspond au besoin d'expériences nouvelles, complexes et variées, et à la volonté de prendre des risques physiques et sociaux pour avoir de telles expériences afin de maintenir un niveau optimal élevé d'activation cérébrale.

La mesure de la recherche de sensations est réalisée à l'aide d'une échelle (SSS, Sensation Seeker Scale) qui comporte quatre facteurs qui définissent donc ce qu'est en réalité le phénomène. 1/ Recherche de danger/aventures (attrait pour les sports réalisés à l'extérieur ou pour des activités impliquant la vitesse et le danger, la plupart étant socialement acceptées). 2/ Recherche d'expériences (attrait pour des expériences intellectuelles ou sensorielles conduisant à un style de vie non conventionnel). 3/ Désinhibition (recherche de sensations par un style de vie hédonique, la boisson, les expériences sexuelles, les sorties, le jeu…). 4/ Susceptibilité à l'ennui (intolérance à la monotonie, dégoût pour la routine et les gens ennuyeux). Les travaux utilisant cette échelle ont montré qu'il existait une relation positive (corrélation) entre recherche de sensations et l'exhibitionnisme, le besoin d'autonomie, l'impulsivité, l'indépendance vis-à-vis de l'espace, l'attrait pour le jeu et le changement. Plus précisément, il existe une corrélation avec les traits psychopathiques, la diversité des prises de drogues et d'expériences sexuelles. Les sujets présentant un score élevé (High Sensation Seeker) sont très fréquemment retrouvés parmi les grands fumeurs, les joueurs pathologiques, les toxicomanes, les alcooliques dépendants ou consommateurs abusifs d'alcool, les auteurs de conduite de risque. Certains indices cliniques laissent penser que la fréquence des mêmes sujets est élevée parmi les auteurs de gestes suicidaires répétés, d'achats pathologiques et les individu présentant une sexualité addictive.

La relation étroite – mais non spécifique et non exclusive – établie entre addictions et recherche de sensations permet d'expliquer les parentés entre les différentes addictions et a suscité des hypothèses explicatives. Le comportement addictif aurait une valeur adaptative en modulant un bas niveau d'activation corticale. Il faudrait alors distinguer deux périodes : la phase d'initiation et celle d'installation de la dépendance. La recherche de sensations pourrait jouer un rôle essentiel dans la rencontre du produit qui servira de base à l'addiction et dans son pouvoir « initiatique » : la recherche d'expériences nouvelles, l'attrait pour les stimulations fortes, pour le changement, la nouveauté, la sensibilité à l'ennui, peuvent donner à certains produits – dont le rôle est implicitement vanté par la culture (ou une subculture) – le pouvoir d'accroître les sensations. La seconde phase, plus tardive, correspond à l'installation de la dépendance. L'usage du produit se poursuit sous l'influence des exigences adaptatives liées à l'anxiété et au sevrage, aux conséquences de l'addiction.

Ce modèle paraît assez bien adapté à certains comportements addictifs, au sens le plus général du terme, comme certaines formes de toxicomanie, d'alcoolisme ou de jeu. En revanche, d'autres comportements addictifs comme la boulimie semblent davantage correspondre à une extinction de sensations insupportables : la recherche de sensations peut être un modèle pertinent et heuristique mais il semble ne répondre qu'à une partie des situations addictives, à leur aspect d'élation et d'hédonisme, et il laisse dans l'ombre l'aspect sédatif de certaines addictions.

Ce modèle, qui peut d'ailleurs s'appuyer sur des réalités biologiques et physiologiques (activation corticale et activation du système limbique, rapports avec les axes dopaminergique et sérotoninergique), répond aussi à des questions que se posent les psychanalystes, notamment à la question du plaisir.

1. 3 / Le modèle de Stanton Peele

Le modèle de Peele est éclectique, descriptif, emprunte au constructionnisme social et recourt à des concepts comportementaux et cognitifs. Ainsi la conception de Peele s'oppose-t-elle à celle de la médecine : l'addiction n'est pas pour lui une maladie ; elle ne dure pas toute la vie, elle n'est pas liée irrémédiablement à un facteur biologique, sa progression et son amplification ne sont pas inéluctables et le traitement médical ne représente pas le seul moyen de réduction du comportement. Il est vrai que Peele utilise une définition très extensive de l'addiction qui est apparemment synonyme de conduite de dépendance et ne se réduit pas à certains aspects de celle-ci. Dans son interprétation l'addiction est en rapport avec l'échec devant une tâche, échec qui met en doute la capacité de réussir (sentiment d'incompétence personnelle et sociale). Elle apparaît comme satisfaction substitutive et possède un pouvoir renforçateur. Les effets de l'addiction modifient négativement le sentiment d'estime de soi et confrontent l'individu à la répétition du comportement pour alléger les effets de ce trouble de l'estime de soi. La problématique de Peele s'exprime ainsi en termes de compétence et de renforcement tout en faisant quelques références à l'écart entre la réalité et ce qui est attendu (*expected*) ainsi qu'au problème de l'identité.

L'addiction est une expérience, une réponse et une source de gratification ou de sécurité ; elle est une expérience nécessaire pour satisfaire ses besoins ou maintenir ses structures de subjectivité. L'expérience addictive est le fait de personnes présentant certaines caractéristiques transitoires ou constantes, et confrontées à une situation difficile. Les personnes concernées par les comportements addictifs ont en commun une incapacité à satisfaire leurs besoins existentiels, une absence de valeurs (réalisation de soi, de sa propre valeur, conscience critique en matière de santé personnelle) s'opposant à l'addiction, manque de sens de l'efficacité et un sentiment d'incapacité à peser sur l'addiction. Ces personnes – qui ne constituent en rien une classe nosologique et ne présentent pas obligatoirement de pathologie avérée – ont plus de mal à faire face à des situations vides et déprivatives, marquées par une absence d'options positives (par exemple groupes sociaux désavantagés, zones de conflits armés…), par un faible soutien social (structures familiales et amicales perturbées), ou à des périodes critiques de l'existence (adolescence, divorce, isolement, stress…). L'expérience addictive, véritable réponse à un problème posé, a pour propriété de créer des sensations prévisibles et étayantes, d'organiser, structurer, remplir le temps du sujet (le reste de la journée est vide et sans forme), de produire une gratification régulière et représentable. L'addiction aide le sujet à se sentir accepté, voire « meilleur » par lui-même, du moins dans un premier temps, car cette reconstitution de l'estime de soi est particulièrement illusoire et transitoire ; elle fournit ainsi un sentiment artificiel (hors praxis sociale) de la valeur de soi, de pouvoir, de contrôle omnipotent, de sécurité, d'intimité, de réalisation de son être. L'addiction amenuise les humeurs négatives (anxiété, dépression), suspend temporairement la douleur et les sensations déplaisantes, devient le centre d'intérêt (*focus*) primordial et absorbe toute l'attention. Mais elle aggrave le fonctionnement social, entraînant par une boucle une rétroaction négative, source de sentiment de défaillance, nouvel appel à un comportement addictif comme solution illusoire à ses propres effets.

Peele insiste bien sur les fonctions de l'addiction qui à la fois annule le sentiment de défaillance et majore ses sources. Dite de manière triviale, la position pourrait être que les gens sont prisonniers des addictions parce qu'ils sont trop égoïstes (trop centrés sur eux et pas assez sur les autres et le monde externe). L'addiction serait un mal de la *socialité* (les gens sont de plus en plus introvertis), d'où l'importance des valeurs et de leur reconstitution pour le traitement. Cette position n'est pas indemne d'ambiguïtés dans la mesure où Peele pense qu'un comportement adapté prosocial est la meilleure voie d'accès aux récompenses de l'existence. Il estime notamment que certaines valeurs ont un rôle protecteur : le contrôle de soi et la modération, l'estime de soi, l'accomplissement et les compétences, l'évaluation consciente et critique de son environnement. Les conceptions thérapeutiques mettent l'accent sur les processus de maturation en insistant sur les constructions relatives à la force individuelle et à l'environnement social.

2

LES MODÈLES PSYCHANALYTIQUES

La psychanalyse s'est moins intéressée aux addictions qu'aux névroses, aux psychoses ou aux perversions. Lorsqu'elle a proposé des élaborations, il s'agissait plus fréquemment du modèle d'une addiction précise que d'une théorie générale. Toutefois, ces modèles soulignent généralement l'aspect transnosographique des addictions, c'est-à-dire leur caractère irréductible aux organisations psychopathologiques classiques (névrose, psychose, perversion, états limites…). Ces modèles proviennent d'un même courant psychanalytique et posent, avec des différences, les problèmes en des termes communs : défaillance identitaire et mise en cause du narcissisme primaire, échec de l'introjection, fonctionnement incorporatif. En revanche, d'autres paradigmes analytiques (lacaniens notamment) prennent des distances avec l'addiction pour se placer dans une logique du sujet de l'inconscient et, donc, refusent de raisonner à partir de classifications fondées sur des comportements observés (« le toxicomane n'existe pas » par exemple).

Parmi les conceptions psychanalytiques positives qui ne formulent pas un modèle holistique mais des orientations théoriques pour la compréhension des addictions, celles-ci n'auront pas le statut classique de symptôme. L'acte répété en vue d'éviter l'affect douloureux suffit au maintien du dérèglement économique : ce faisant il crée une économie spécifique qui souvent a été rapprochée de la gestion de la dépression par les états limites. Bergeret verra dans l'addiction le sacrifice du corps à l'objet imaginaire, la propension à l'*acting*, à la répétition clôturante, à l'emprise orale et avide. D'autres proposeront plusieurs processus : la mauvaise différenciation du moi et du Ça par le déficit du contenant maternel et l'absence de transitionnalité (Winnicott), l'auto-engendrement pervers et les angoisses d'anéantissement dans le lien à l'objet fétiche (Kahn) ou l'effroi résultant de l'identification à la mauvaise partie du *Self* (Meltzer). D'autres auteurs renonceront au point de vue économique classique et à la métapsychologie des pulsions (G. Klein) pour ne retenir qu'un point de vue fonctionnaliste concernant le *Self* : tel est le cas des postKohutiens (Stolorow) qui verront dans l'addiction une tentative de maintien des structures de la subjectivité menacée de fragmentation, et dont l'origine étiologique est un *developmental arrest* plutôt qu'un conflit intrapsychique précoce. Ce mode clinique original d'exploration de la subjectivité, centré sur la fonction, condamne le paradigme à rester de portée descriptive et à ne proposer que des causalités intermédiaires. Si aucune des structures de personnalité ne constituent des conditions nécessaires pour les addictions, en même temps l'aire narcissique offre un ensemble de conditions suffisantes pour rendre compte du fonctionnement psychique des dépendances et de leur prévalence.

2.1 / Le transitoire et l'échec de la transition (McDougall)

Joyce McDougall est, en France, le premier auteur à tenter de formuler une théorie générale des addictions. Sous ce terme, qu'elle reprend dans son acception anglo-saxonne, elle a désigné un ensemble de comportements caractérisés par l'agir et la dépendance (boulimie, tabagisme, alcoolisme, pharmacodépendance...), mais elle en rapproche certaines « déviations sexuelles ». Pour elle, le terme d'addiction se réfère à la notion d'*esclavage* et révèle la lutte inégale du sujet avec une part de lui-même. Un prolongement intéressant de cette conception réside dans la découverte de la place que les autres peuvent occuper dans les conduites addictives. Elle évoque ainsi à plusieurs reprises l'utilisation des autres dans un « théâtre », autres qui deviennent des complices (comme dans certaines addictions sexuelles) ou des substituts apaisants et contenants. Elle se fonde sur un matériel clinique issu de cures analytiques mais une partie de son modèle est édifié par constructions théoriques spéculatives. Sa théorie évoque l'incapacité à tolérer la douleur psychique dont le sujet tente de se protéger par le recours aux addictions qui pourraient d'ailleurs correspondre à une forme de restitution d'un espace transitionnel défaillant. Les addictions seraient donc en rapport avec l'échec des processus d'intériorisation de l'objet ; fidèle à la conception psychanalytique de la pathologie, elle confère aux addictions outre leur caractère régressif, une fonction positive, restitutive d'un processus défaillant.

Pour J. McDougall les addictions sont des agirs immédiats et répétitifs s'apparentant aux *actes-symptômes* dont elle donne une définition impliquant l'échec de la fantasmatisation et de l'internalisation de l'objet : « Tout acte-symptôme tient lieu d'un rêve jamais rêvé, d'un drame en puissance, où les personnages jouent le rôle des objets partiels ou même sont déguisés en objets-choses, dans une tentative de faire tenir aux objets substitutifs externes la fonction d'un objet symbolique qui manque ou qui est abîmé dans le monde psychique interne » (J. McDougall 1879, p. 162). Il faut donc comprendre l'addiction dans ses relations avec l'échec de constitution (ou de conservation) d'un objet interne, avec le recours à des objets externes partiels, mais aussi avec une forme particulière de *théâtre du réel* se substituant à l'imaginaire défaillant. Il devient alors évident que l'addiction, c'est-à-dire la transformation d'un comportement de consommation d'un produit plaisant et/ou stimulant et/ou calmant en une dépendance et un mode de résolution des difficultés internes et externes, est à mettre en relation avec ce qui conditionne cette défaillance de la constitution de l'objet.

Les comportements addictifs possèdent des fonctions : ils visent à surmonter la douleur psychique et les conflits, ils court-circuitent l'activité psychique et ne sont donc pas des symptômes au sens psychanalytique du terme (formation de l'inconscient répondant à une condensation et susceptible d'une interprétation), mais des fuites hors d'une situation anxiogène, voire des formes de désinvestissement par une répudiation des représentations difficiles et une évacuation des affects. On retrouve alors une parenté entre les symptômes psychosomatiques et les addictions, avec la même logique de rejet de l'affect (*forclusion de l'affect*) ressenti comme profondément menaçant du fait des défaillances de l'organisation du Moi. La décharge dans l'agir qui caractérise les addictions ou qui en facilite la constitution est un mode particulier de défense qui permet aux sujets de « maintenir l'homéostase psychique chaque fois que leur équilibre économique est menacé soit sur

le versant objectal, soit sur le versant narcissique »
(J. McDougall 1982, p. 97).

Mais de quelle(s) douleur(s) s'agit-il ? Le statut de la
douleur psychique dépend en effet tout autant de
l'effraction que de l'appareil psychique lui-même qui,
selon l'évolution du sujet, ne peut pas faire face à certaines douleurs. Autrement dit, la douleur psychique est
d'autant plus insupportable qu'elle menace les assises
narcissiques du sujet, assises dont la solidité est fonction
de l'histoire individuelle. J. McDougall considère que
ces douleurs insoutenables qui font le lit de l'addiction,
sont « au-delà de l'angoisse de castration » et concernent la mort psychique où le Je risque de perdre ses
repères narcissiques et identificatoires. Le sujet addictif
est donc à la fois un sujet qui lutte par des actes contre
une douleur déclenchée par une menace et un sujet qui
ressent ce type de douleur parce qu'il est incapable de
traiter psychiquement certains phénomènes. Si le sujet
tente de se prémunir contre les affects c'est que son
organisation psychique n'est pas à même de lier représentation et affect et d'accepter certaines irruptions. Il
érige donc un mur, un rempart contre le risque d'écrou-
lement.

Aussi, pour J. McDougall, la problématique de
l'addiction est-elle étroitement liée aux défaillances des
phénomènes transitionnels. Elle va ainsi considérer que
l'objet de l'addiction peut être un « tenant-lieu d'un
objet transitionnel, objet à mi-chemin entre la perception de l'autre comme totalement nié par le sujet et
l'autre reconnu comme ayant une existence indépen-
dante, des attributs et des désirs propres » (1982, p. 63).
Cette référence aux conceptions de Winnicott a ceci de
particulier qu'elle lit dans le comportement addictif une
tentative de reconstruction de cet espace et de cet objet
manquants : le transitoire tente de restituer le *transitionnel défaillant*, la défaillance du transitionnel est cons-
titutive du recours aux objets externes transitoires.

J. McDougall admet donc que l'objet de l'addiction est un objet signant l'échec de l'introjection : « Pensons ici à l'objet toxicomaniaque des addictions. Un tel objet est « transitoire » dans le sens où il faut le remplacer continuellement, puisqu'il n'a ni la signification, ni le destin d'un véritable objet transitionnel à savoir un objet *en voie d'introjection*. Les sujets qui ont créé de tels objets ont échoué dans leur tentative d'introjecter la fonction maternelle » (1982, p. 14). Ce non-accès à la transition est naturellement mis en relation avec le rôle des parents qui ont pu faire du corps de l'enfant un objet de besoin, complément narcissique de leur désir.

La théorie de J. McDougall possède trois particularités : elle met surtout l'accent sur les fonctions défensives de l'addiction, elle la relie aux échecs de l'introjection qui est rendue possible par les phénomènes transitionnels, enfin elle établit une relation étroite entre ces passages à l'acte et les somatisations. Les addictions représentent une solution psychique différente de la résolution névrotique des conflits et de la modification de la réalité que l'on retrouve dans les psychoses. En fin de compte, le modèle psychanalytique des pathologies du narcissisme et/ou de la perversion est présent derrière cette construction théorique qui prend peu appui sur du matériel clinique. La question demeure de savoir si l'échec des processus d'introjection doit être considéré comme un fait de développement entraînant des difficultés dans les relations objectales et la possibilité d'accueillir les affects et rendant possible l'addiction comme moyen de lutter contre la douleur suscitée ou bien si l'addiction est un *moment* dans l'histoire d'un individu, moment caractérisé par un type particulier d'investissement sans qu'on puisse inférer un trouble majeur du développement.

2. 2 / Les « pratiques de l'incorporation » (P. Gutton)

Bien qu'il n'ait pas formellement évoqué le terme d'addiction, P. Gutton, spécialiste de l'adolescence, a proposé un modèle pour rendre compte des « pratiques de l'incorporation », comportements marqués par l'*avidité* comme la boulimie, l'anorexie, la potomanie, l'ingestion d'alcool, certaines tentatives de suicide et d'automutilations, les saignements autoprovoqués (syndrome de Lasthénie de Ferjol), certaines pharmacodépendances, certaines conduites sexuelles apparaissant chez des adolescentes. Ces incorporations réelles, phénomène transversal à la clinique, ont pour caractéristiques les aspirations impétueuses, l'avidité surprenante, la consommation effrénée. La théorie de Gutton prend place dans ses conceptions des pathologies du narcissisme, notamment dans l'opposition entre dépression (organisatrice) et dépressivité (opposée au travail de substitution) et dans le recours à la projection sur le corps. Gutton se réfère en outre aux théories de l'introjection telles que les développent Abraham et Torok qui la considèrent comme un processus organisateur constitutif de l'objet interne, phénomène symbolique distinct de l'incorporation ; si cette dernière est un mécanisme imaginaire qui vise à nier la perte de l'objet, l'introjection élabore cette perte et signe la séparation avec l'objet externe. Il estime par ailleurs que, chez les jeunes filles qui constituent son échantillon clinique, ces pratiques de l'incorporation peuvent être mises en rapport avec les failles du moi féminin elles-mêmes en relation avec les événements de la puberté. Nous nous limiterons ici aux interprétations générales et ne nous référerons pas à celles qui sont spécifiques aux jeunes filles.

Les pratiques de l'incorporation présentent trois caractéristiques principales. Elles sont des *acting out* directs, sans remémoration et sans perlaboration, elles correspondent à des autoérotismes particuliers (elles se substituent au fantasme qui a fait l'objet d'une attaque surmoïque et réalisent un plaisir de fonctionnement qui adhère au besoin) et sont étroitement liées à la culture dans laquelle ils puisent leur forme. En tant qu'*acting out*, ils se décomposent en quatre temps successifs : 1/ un temps d'ennui (sensation de vide, de manque en l'absence physique de l'objet qui soutient l'activité fantasmatique) ; 2/ un temps d'addiction qui établit un rapport entre un orifice corporel et un objet extérieur qui devient complémentaire ; 3/ la fin de l'acte provoque un état de vacuité représentative rappelant la « dépression essentielle » de P. Marty ; 4/ un temps de retour de l'activité fantasmatique œdipienne, l'acte d'addiction étant alors nommé et doté d'un sens accompagné d'affects (honte, remords…). Ce temps peut s'accompagner de symptômes d'allure névrotique.

Ce cycle possède deux particularités. Il met en rapport une vacuité intérieure (absence de représentations, de fantasmes) liée à l'absence d'un objet externe dont l'importance est déterminée par la carence des objets internes et la consommation répétée d'un objet qui permet la reprise d'une activité représentative et fantasmatique (« inducteur fantasmatique »). Il établit une relation entre un état psychologique et un objet matériel dont la découverte fonctionne comme une initiation.

La reprise des hypothèses sur l'introjection permet à Gutton de souligner que l'incorporation survient lorsque le travail d'introjection se heurte à un obstacle. Dans ce contexte, l'incorporation apparaît un échec de l'identification, mais comporte une dimension identificatoire visible dans les comportements répétitifs : « Une pratique de l'incorporation jouant une identification dont elle marque l'échec, comporte une dimension identifiante » (Gutton 1984). Ces gestes addictifs ont ainsi une fonction de reconstruction du Moi représentant la mise en acte d'un autoengendrement, d'une nouvelle naissance. Les actes d'addiction représenteraient une comportementalisation (incorporations réelles) d'un fantasme d'incorporation mis en relation avec l'échec du processus d'introjection. Les addictions qui témoignent d'une faille de l'identification réalisent un équilibre économique qui peut être transitoire ou définitif. Ces pratiques d'incorporation seraient ainsi à mettre au compte d'un fonctionnement psychique particulier, caractérisé par un trouble de l'identification et des relations d'objet entraînant une dépendance aux objets externes. Par-delà leurs différences concrètes et la diversité de leurs effets et de leurs contraintes, elles pourraient constituer une solution à la fois psychique et comportementale aux défaillances de ces objets. La dimension du plaisir ne serait pas absente comme en témoigne la référence à la notion d'autoérotisme. La puberté, le travail d'adolescence et ses avatars, par les surgissement, les rencontres, les découvertes qu'ils entraînent seraient susceptibles de produire des situations pouvant remettre en cause les équilibres internes et favoriser la solution addictive.

2.3 / Les assises narcissiques et l'objet (Jeammet)

Comme les deux conceptions précédentes, le travail de Philippe Jeammet insiste sur les avatars du narcissisme et du processus d'introjection pour rendre compte des addictions. Phénomène transnosographique, elles sont une réponse à certaines modalités de la séparation et comportent une fonction autothérapeutique. L'intérêt des hypothèses de P. Jeammet (1994, 1995) réside dans la relation qu'il établit entre les troubles de la séparation (c'est-à-dire de la relation à l'objet) et la recherche paradoxale d'une dépendance à un objet externe, entre l'impossibilité d'une relation à l'objet libidinal et la tentative de maîtrise d'un objet (produit, élément) externe.

La clinique des addictions montre que le sentiment de sécurité intérieure semble faire défaut à ces sujets : le plaisir, la détente paraissent équivaloir à un vide, à une menace d'annihilation, de confusion avec l'objet. Les émotions représentent une brèche ouverte dans le Moi par laquelle ils craignent que l'objet fasse intrusion ; ils risqueraient alors de perdre leur autonomie et leur identité. En revanche, la production et le maintien d'une excitation provenant de l'extérieur les assure de leur différence avec l'environnement, de leurs limites et de leur identité propre. Comment expliquer ce mode de fonctionnement psychique caractérisé par la *phobie des représentations mentales*, la *phobie du travail psychique de déplacement* qui pourrait les mettre au contact de l'objet libidinal dont ils tentent de limiter l'emprise ? Le sentiment de sécurité interne, comme la capacité d'investir l'objet libidinal, dépend de l'élaboration de la séparation ; c'est donc bien autour de l'articulation conflictuelle entre le narcissisme et les relations d'objet que se joue la question de l'addiction. Le conflit entre les deux repose sur la vulnérabilité liée à la dépendance aux objets de la réalité extérieure pour assurer l'équilibre narcissique du sujet. Il existe en effet une relation entre la capacité d'autonomie, la qualité des ressources internes et celles des premières relations objectales. L'addiction montrerait ainsi la faillite des ressources internes et serait à mettre en relation avec les différents échecs de constitution d'une autonomie par introjection de l'objet.

Les conceptions de Jeammet se fondent sur une analyse du développement et des différents moments (constitution de l'aire transitionnelle, accès à la séparation et à l'individuation, Œdipe, adolescence...) où le sujet peut se constituer comme indépendant. Les différents échecs de cet accès à la séparation induisent des solutions de compromis parmi lesquelles l'investissement substitutif de la réalité externe et la majoration de ses propres sensations. Cette conception développementale fait ainsi dépendre les possibilités d'investissement objectal des assises narcissiques et la qualité de celles-ci des premiers investissements maternels : on ne peut aimer et supporter la différence que si l'on s'aime suffisamment soi-même parce que l'on a été aimé. Le développement s'effectue donc par des mouvements introjectifs structurants qui peuvent mettre en cause le sujet et être source de désorganisation, surtout lorsque les assises narcissiques sont défaillantes. Ces *assises narcissiques* dépendent des premières relations avec la mère (adéquation entre les besoins de l'enfant et les réponses apportées), ce qui implique que l'objet maternel soit constitutif du narcissisme primaire et des auto-érotismes. Aux échecs de la constitution des auto-érotismes précoces répond le surinvestissement par l'enfant de son appareil perceptivo-moteur, condition dont on voit toute l'importance dans la mise en place de l'addiction. La défaillance de ces assises narcissiques implique que l'investissement de l'objet, son introjection, représentent une menace pour le narcissisme du sujet. Celui-ci doit donc édifier des systèmes défensifs pour éviter la dépendance à l'objet libidinal, la brèche des frontières du moi qu'elle représente. Le pouvoir de l'objet libidinal se nourrit ainsi des failles narcissiques, entraînant la mise en place de *barrages antiobjectaux* par le sujet.

Dans ce contexte développemental, les addictions apparaissent comme une des solutions de compromis pour résoudre le conflit entre l'axe objectal et l'axe narcissique et entre la pulsion et le narcissisme. Elles auraient ainsi pour fonction de maîtriser l'objet, c'est-à-dire d'éviter au sujet d'être dépendant de l'autre. Elles viseraient à mettre sous *emprise* un élément de la réalité extérieure, montrant par là leur parenté avec la perversion. Au détriment des émotions qui menacent le narcissisme du sujet, l'addiction privilégie les sensations par lesquelles ces sujets s'assurent de la présence concrète des objets qui leur font défaut à l'intérieur, tout en pouvant vérifier que l'objet externe est à la fois à disposition et toujours extérieur, c'est-à-dire sans risque de confusion avec soi. La problématique centrale des addictions est donc bien celle de la sauvegarde de l'identité par le recours à un objet externe « sous emprise », véritable substitut objectal qui possède des fonctions « anti-introjectives » pour éviter le processus d'intériorisation perçu comme particulièrement dangereux du fait du trouble des assises narcissiques. On comprend alors mieux pourquoi l'adolescence est une période propice à l'apparition de ce type de comportements.

Les propositions thérapeutiques découlent de cette spécificité de l'addiction en tentant d'offrir au sujet « un jeu d'investissements suffisamment différenciés » pour qu'il ne se sente pas menacé par la relation. Le premier temps du travail thérapeutique consiste à restaurer les assises narcissiques et à aménager le cadre : régler l'espace, la distance aux soignants de façon à les rendre supportables. Il semble donc nécessaire de proposer des thérapeutiques bi- ou plurifocales avec des référents aménageant la réalité externe. L'introduction de la relation duelle, profondément menaçante pour le sujet, se réalisera en parallèle avec la relation avec un référent. Ce n'est qu'à ce moment-là qu'un travail psychothérapeutique pourra s'engager avec la difficulté que le transfert met le sujet en péril et qu'il s'en protège par le recours à la conduite addictive.

2.4 / Le modèle de l'ordalie (A. Charles-Nicolas et M. Valleur)

Le modèle de l'*ordalie* (jugement de Dieu) représente une conception particulièrement originale de certains comportements addictifs. En fait, il ne formule pas strictement une théorie de l'addiction mais il concerne certains de ses aspects ainsi que d'autres phénomènes. *Ordalie* est un terme générique qui désigne des pratiques anciennes – le plus souvent judiciaires – consistant, dans le doute, à soumettre le sujet à une épreuve particulièrement rude (marcher sur les braises, plonger sa main dans un liquide brûlant, être jetés à l'eau pour des enfants dont la paternité était mise en doute...) mettant en jeu l'intervention de la puissance divine. Si le sujet dominait l'épreuve, il était considéré comme innocent du crime qui lui était imputé, Dieu ayant permis au « suspect » de triompher d'une épreuve qui ne lui laissait pratiquement aucune chance. Freud évoque aussi ce terme dans l'Appendice du cas Schreber en insistant sur la question de l'origine (« épreuve relative à la paternité ») et en situant l'ordalie dans la logique de la filiation symbolique. L'ordalie est donc un phénomène, une « image théorique » qui associe différents éléments particulièrement intéressants sur le plan psychopathologique : l'incertitude quant à la filiation (identité) ou à la faute commise, la volonté de Dieu (omnipotence divine), l'épreuve réelle impliquant la mort (sanction irréductible et aussi substitut de la castration), le triomphe. Dans l'ordalie il n'y a aucun hasard puisque c'est la volonté de Dieu qui importe et non les capacités du sujet ou les lois du hasard.

Baechler dans son ouvrage sur le suicide évoque, notamment chez l'adolescent, la possibilité de tentatives de suicides ordaliques, actes questionnant le destin pour savoir si le sujet a le droit de vivre. Mais la théorie de Valleur et Charles-Nicolas est plus complexe tout en se maintenant dans le registre des productions imaginaires et des actes qui confrontent le sujet à la mort. Si les fantasmes ordaliques se rencontrent chez nombre de sujets remettant imaginairement leur vie, leur valeur ou leur destin sur un « coup de dé » ou un « banco » en s'en remettant à une puissance extérieure qui décide, les conduites ordaliques sont plus spécifiques puisqu'elles impliquent des actes. Elles sont définies comme un comportement répété de mise à l'épreuve, de prise de risque visant une régénération par confrontation à la mort qui possède un statut particulier. La destruction réelle n'est pas d'emblée recherchée en tant que telle par l'ordalique. « La conduite ordalique nous apparaît au contraire, comme une défense contre les pulsions destructrices et autodestructrices. L'ordalique risque de tuer l'être pour préserver le Moi. Car, c'est parce qu'il compte bien se refaire qu'il passe outre à la demande de l'autre (…). Or celui qui entre en ordalie, doute de sa vie et de sa destinée. Il réinterroge ce tiers, cet Autre, sans relâche des années durant jusqu'à ce qu'il se lasse, qu'il veuille mourir pour ne pas mourir psychiquement, jusqu'à ce qu'il veuille s'autoengendrer paradoxalement comme cadavre » (Charles-Nicolas 1985, p. 215).

Une analogie avec les processus décrits précédemment peut être tentée. La conduite ordalique apparaît comme un substitut dans le réel de l'incorporation imaginaire. Le sujet tente de maintenir son identité en considérant que sa survie est en quelque sorte une « autorisation d'être et de vivre », une « reconnaissance de son être », sans oublier le triomphe mégalomaniaque de qui s'est affronté dans le réel à une expérience mortelle, pour ne pas dire à la castration dans le réel. Mais cette conduite ordalique est, comme l'incorporation, insuffisante pour fonder le sujet et nécessite d'être répétée. Cette dernière a donc au moins trois sources : la compulsion de répétition inhérente à la déliaison et au jeu de la pulsion de mort, la jouissance mégalomaniaque et l'échec de la fonction identifiante de la conduite. La confrontation au risque et à la mort est d'ailleurs particulièrement importante car la mort possède en psychanalyse un statut très original puisque l'Inconscient ne connaît pas la mort (sa propre mort) comme il ignore le temps et la négation ; l'angoisse de mort serait, pour

Freud, un analogon de l'angoisse de castration, processus déterminant du fonctionnement psychique, pivot de la névrose mais implicitement de la perversion et de la psychose. Se confronter à la mort réelle doit être situé dans ce contexte et pourrait représenter une confrontation, dans le réel, à la castration refoulée, ou déniée, ou rejetée… par le sujet. La conduite ordalique comporte donc plusieurs propriétés, qu'on la situe dans la relation à l'identité corporelle (se donner des limites, se constituer un corps libidinal unifié), dans la relation aux idéaux du Moi (expérience de toute-puissance), dans la relation à l'identité symbolique (identification primordiale par inscription dans une filiation), dans la relation à l'Œdipe (confrontation à la castration inassumée).

Les addictions ne sont pas systématiquement interprétables en termes d'ordalie. Valleur et Charles-Nicolas faisaient plus particulièrement référence au jeu, aux tentatives de suicide répétées et à certains comportements (*overdose*) des toxicomanes. Depuis, on y a ajouté les conduites de risque et certaines prises de risque calculées (sports violents, cascades dans lesquels le hasard et le risque sont maîtrisés) qui possèdent donc un statut différent. Il en ressort que le modèle de l'ordalie concerne deux réalités distinctes. Il vise d'abord certaines addictions dans lesquelles le *risque* est déterminant, l'addiction portant électivement sur cette confrontation et ses différents effets : métaphoriquement on pourrait presque dire que l'objet de l'addiction est la conduite d'ordalie. Mais le modèle de l'ordalie s'adresse aussi à certains comportements de rupture de la dépendance, de mise à l'épreuve de son identité, trouvant place dans d'autres addictions comme la toxicomanie, la boulimie, l'alcoolisme, qui ne sont pas tournées primairement vers la recherche et la jouissance du risque : l'ordalie serait alors une rupture de l'addiction et un moyen plus radical d'assurer l'identité. De ce fait, nous pouvons tenter de pratiquer une distinction entre deux formes d'addictions : celles qui semblent parvenir graduellement à la mort et celles qui d'emblée la posent comme élément nécessaire. Dans les premières, la mort est une conséquence à long terme ; la lente autodestruction silencieuse d'un sujet en quête du retour d'une satisfaction perdue évoque le jeu de la pulsion de mort. Mais la mort réelle peut aussi apparaître par le suicide qui semble en relation soit avec le deuil impossible du « toxique », soit avec une tentative de se défaire du corps persécuteur, soit encore avec l'effet de la rupture de cet équilibre répétitif fragile. Dans ce contexte particulier la confrontation à la mort suppose une rupture dans l'économie de l'addiction et, en certaines occasions, peut participer de la conduite ordalique, le sujet cherchant à rompre la spirale de l'emprise. Dans les secondes, la jouissance corporelle est consécutive au triomphe sur la mort, la répétition du danger (« au risque d'en mourir ») implique la jouissance mégalomaniaque du sujet, d'autant plus que cette mort tire sa force de la crainte qu'elle inspire à l'autre. La conduite addictive ordalique (répétition de la confrontation au danger) restitue par l'acte un Autre tout-puissant qu'il convient de défier, mais aussi de rendre comptable de la possibilité d'exister ; cette addiction est en fait la répétition d'une situation visant à répondre à la question de la dette symbolique à laquelle le sujet ne peut accéder du fait du déni de la castration.

2. 5 / *Vers une psychopathologie de l'Addiction ?*

Les théories psychopathologiques se référant à la psychanalyse procèdent à des constructions théoriques différentes mais possédant des éléments communs. Toutes considèrent que l'addiction ne s'organise pas selon la logique du symptôme mais présente les particularités économiques du passage à l'acte ; l'agir addictif n'est pas une *formation de l'inconscient* et correspond plutôt à une fermeture à ses effets qu'à une métaphore.

Ces théories pointent un petit nombre de phénomènes invariants qui constitueraient le noyau de l'addiction ; ce sont l'existence d'une *initiation* (révélation) à l'origine de ce comportement, la répétition, la dépendance (contrainte interne et impossibilité de remettre en cause le comportement), l'utilisation de l'addiction comme solution à tous les problèmes (*solution commune, systématique et stéréotypée*), le recours prévalent à l'agir au préjudice de l'élaboration, la production de sensations corporelles au détriment des émotions, et la présence indirecte ou directe de la mort.

Si pris isolément ces différents invariants se rencontrent dans d'autres figures de la pathologie et possèdent des logiques spécifiques, regroupés ils dessinent une configuration à multiples expressions dont l'analyse psychopathologique révèle un mode particulier d'équilibre entre investissements narcissiques et objectaux ainsi qu'une défaillance des processus d'*introjection*. Cette défaillance témoigne de deux phénomènes complémentaires : d'une part les difficultés de séparation avec l'objet et, d'autre part, les limites de la constitution de l'identité, l'objet externe devenant le garant de celle-ci. L'acte addictif est en fait une incorporation réelle d'un objet partiel, mais sans qu'il y ait pour autant incorporation imaginaire, au sens que possède ce terme dans certains phénomènes dépressifs. L'incorporation imaginaire suppose en effet l'absence d'intériorisation de l'objet et a pour effet de conserver celui-ci au-dedans sous sa forme « hallucinée », mais l'opération comporte trois conséquences principales : elle doit être répétée à chaque absence, elle correspond à une aliénation à l'objet, elle se situe hors langage (elle ne peut donc être exprimée, pas plus que la perte et les affects qu'elle suscite). L'opération d'incorporation imaginaire suppose qu'il y ait, malgré l'incapacité à supporter la séparation, des capacités représentatives qui peuvent être rapportées à l'investissement maternel du corps du sujet. En revanche, dans l'acte réel d'incorporation qui caractérise l'addiction s'atteste l'échec de toute fonction métaphorique mais aussi représentative. C'est d'un acte réel dont a besoin le sujet pour arriver à produire une modification corporelle qui entraîne la production de représentations.

La plupart des constructions théoriques psychanalytiques réfèrent la configuration des invariants qui constituent les mécanismes de l'addiction à des avatars du développement du sujet. Toutefois des lectures plus structuralistes du phénomène sont possibles sans qu'il soit obligatoire d'évoquer une étiologie infantile ou le développement libidinal. De ce point de vue l'addiction se caractérise par une externalisation, une « corporisation », une réification et une emprise : les phénomènes externes prédominent (actes, objets matériels, prédominance des situations concrètes sur l'imaginaire...), les sensations corporelles, l'utilisation du corps dominent la vie psychique, les difficultés et processus internes (sentiments, désirs, conflits, renoncements, pertes...) semblent se transformer en rapports avec des choses, le sujet est prisonnier de son comportement qu'il pense pouvoir contrôler. Ces quatre facteurs (externalisation, « corporisation », réification et emprise) dessinent ce que, métaphoriquement, on pourrait nommer une « économie parallèle » qui correspond à un mode particulier de stimulation et d'apaisement par le biais d'éléments et de situations matériels contrôlés ou dont le contrôle reste affaire d'« action spécifique », au sens freudien du terme (« processus nécessaire à la résolution de la tension créée par le besoin »), forme particulière de réification du désir. Le processus addictif est donc une *passion du besoin* qui substitue aux invariants du désir ceux du besoin. Le corps s'y réduit le plus souvent au somatique : l'addiction opère une désexualisation du corps qui ne paraît exister qu'en rapport avec l'intensité de quelques sensations dont l'ampleur laisse peu de place à l'expression d'affects ou de représentations. A l'érogénéité, l'auteur d'addiction substitue – en utilisant le réel comportemental et corporel – un système répondant à une seule logique : tension – produit ou situation (action spécifique) – réduction de tension – absence du produit ou de la situation – tension... Ce faisant, il annule toutes autres manifestations corporelles et psychiques. Le rôle particulier que tient la parole chez les auteurs d'addiction prend ici tout son sens. Il est souvent fait référence à la présence d'un discours à la fois détaché sur le comportement et apparemment conscient de ce qu'implique l'addiction ; à ce discours semble s'opposer son étonnante impuissance à fonder une transformation ou un abandon de l'addiction. La pensée et le discours semblent clivés des phénomènes corporels et du comportement comme si le lien entre eux ne pouvait être maintenu : forme radicale de déni, mais aussi retour des limites du symbolique sur le matériel.

Ce mode particulier de fonctionnement psychique, pour extrêmes que puissent être certains de ses apports positifs (sensations, sédation) ou négatifs, accorde peu de place à l'objet libidinal comme si celui-ci constituait une menace. En d'autres termes, la caractéristique de l'addiction est d'annuler ce que le fonctionnement psychique doit à l'Autre. Très schématiquement, on pourrait avancer que l'investissement libidinal du corps, comme l'accès à la pensée qui fait suite au fonctionnement hallucinatoire de l'expérience primaire de satisfaction, dépendent du désir de l'Autre. L'addiction correspond à une tentative d'éviter la reconnaissance du désir de l'Autre. Cette reconnaissance semble impliquer pour le sujet une soumission et un assujettissement insupportables parce qu'ils le menacent d'engloutissement ou d'hémorragie narcissique ou de destruction de la toute-puissance.

Les deux phénomènes caractéristiques de l'addiction sont la répétition et l'incapacité à renoncer au comportement ; ils ne sont que très partiellement expliqués par ce modèle. Il rend surtout compte de la disponibilité d'un sujet à rencontrer avec un produit et, pour peu que celui-ci ait des effets hédoniques ou limitant le déplaisir, à conférer à celle-ci une dimension initiatique. La répétition, en tant que recherche de stimulation puis en tant que nécessité permettant l'annulation des effets négatifs de l'addiction, l'impossibilité de renoncer à l'addiction tiennent au décalage entre ce qui permet de fuir l'addiction et l'amoindrissement des possibilités de résolution des conflits, par ailleurs nettement démultipliés par cette « économie parallèle ». L'addiction est affaire de temps : chaque cycle répétitif rend plus difficile l'acceptation de ce que révèle l'épreuve de réalité et l'élaboration des mouvements internes.

Le sujet conçoit alors son addiction sur le mode du « démon », de la « passion », de quelque chose qui le « possède », d'une force qui le pousse irrémédiablement. La présence de ce qui échappe radicalement et ne peut plus être maîtrisé à l'intérieur d'un montage qui, précisément visc à réduire la douleur et à maîtriser ce qui peut constituer une menace potentielle, est une remise en cause inattendue et insupportable du projet qui soutient le comportement d'addiction. La mort, sous ses différentes formes, est toujours à l'horizon de l'addiction. La pensée de la mort comme moyen de rompre le cycle de l'emprise s'allie aux effets ordaliques de sa rencontre – autre source potentielle d'addiction (suicidante notamment). Mais « se tuer », « s'autodétruire » lentement, et « mourir », pour identiques que soient leurs résultats, sont supportés par des opérations psychiques différentes n'impliquant pas les mêmes mécanismes : la punition, la disparition de la souffrance, la satisfaction du masochisme primaire, la production d'une identité s'y intriquent différemment. Pour rendre compte des particularités de la place de la mort dans les deux types d'addictions : celles où la mort intervient comme rupture et celles qui se fondent sur la confrontation à la mort, nous nous sommes référés (Pedinielli 1988) au texte de la Négation (1925) dans lequel Freud définit le jugement d'attribution et le jugement d'existence. Le jugement d'attribution porte sur une propriété qualifiée de « bonne ou mauvaise », d'« utile ou de nuisible ». Il peut alors être formulé en ces termes : « Cela je veux le manger ou bien je veux le cracher, et en poussant plus avant le transfert [de sens] : cela je veux l'introduire en moi, et cela l'exclure hors de moi. Donc : ça doit être en moi ou bien en dehors de moi. » Le jugement d'existence porte sur l'existence réelle d'une chose représentée : « Maintenant il ne s'agit plus de savoir si quelque chose de perçu (une chose) doit être admis ou non dans le moi, mais si quelque chose de présent dans le moi comme représentation peut aussi être retrouvé dans la perception (réalité). »

Les incorporations addictives évoquent clairement les particularités du jugement d'attribution : dans la boulimie, la toxicomanie, l'alcoolisme, il s'agit d'une recherche de satisfaction, d'une répétition de l'inclusion dans le moi confondu avec le corps. Le fonctionnement du sujet se situe au plus près du Moi-plaisir originaire : l'admission d'un objet dans le corps correspond à un substitut de l'affirmation originaire (Bejahung) selon un processus de démétaphorisation dans lequel le corps en acte réalise le substitut d'une opération psychique. Par ailleurs, le constant recours à un objet matériel qu'il convient de retrouver à l'extérieur rappelle bien ce que Freud dit du jugement d'existence. Le sujet semble seul avec sa passion et agit comme s'il devait à la fois réincorporer l'objet et s'assurer de sa présence au-dehors. Ce double mouvement d'attribution et d'existence, manipulant les catégories de l'Avoir et de l'Etre, rapporté à la logique freudienne suggère l'idée de l'incapacité à tolérer la perte de l'objet, l'objet extérieur demeurant le garant de l'existence interne. En revanche, les addictions (« ordaliques ») répondant à un scénario dans lequel la mort est directement présente comme objet de confrontation ou risque immédiat, correspondent à un acte plus complexe. Il s'y mêle une interrogation sur sa propre existence, une tentative de retrouver une situation antérieurement connue et la réintroduction d'un tiers entre le sujet et le moyen de l'addiction. Ainsi, dans la tentative de suicide addictive repère-t-on la recherche d'une situation antérieure qui a porté une forme de plaisir (par excitation et/ou apaisement), une interrogation sur la vie (dois-je vivre ?) qui implique un tiers (le Destin, l'Autre, l'Institution médicale...) qui est garant de l'existence et de la survie du sujet. La question n'est plus alors d'incorporer l'objet ou de retrouver à l'extérieur une garantie de l'existence interne de l'objet. Certes il y a bien un phénomène qui rappelle le mécanisme du jugement d'existence puisqu'il est nécessaire de provoquer, au-dehors, l'apparition d'un autre, mais ce qui doit être retrouvé à l'extérieur correspond à une instance tierce et non pas à l'objet consitutif de l'identité. Réintroduire une instance tierce, tenter de la retrouver au-dehors témoignent à la fois des difficultés de son élaboration et de la rupture avec un mode de fonctionnement caractérisé par la dépendance.

L'Addiction n'est pas un phénomène brut et univoque. Il s'agit d'un véritable montage dont chaque élément, chaque mouvement, introduit un nouvel équilibre aux conséquences potentiellement destructrices. Pour tenter d'éviter l'assujettissement à l'Autre, pour tenter de se produire comme sujets les auteurs d'addiction ont recours à un objet ou à un geste qui entraîne leur destitution de cette position de sujet.

Les modèles généraux des addictions concernent diversement chacun des comportements considérés. Par ailleurs, historiquement, les modèles holistiques ont été forgés à la suite des constructions spécifiques de chacun des comportements, constructions qui peuvent parfois évoquer autant l'usage que la dépendance. Nous souhaitons donc fournir, à propos des différents comportements addictifs, un aperçu des principaux modèles psychopathologiques spécifiques en nous centrant spécifiquement sur le processus addictif dont ils sont une des manifestations cliniques. Nous insisterons plus particulièrement sur les addictions peu étudiées, les principales ayant fait l'objet de nombreux travaux accessibles.

1

LES TOXICOMANIES

La question de l'addiction toxicomaniaque – puisque l'on ne saurait confondre usage et addiction – ne se limite pas au domaine psychopathologique. A. Ehrenberg (1991, 1995) replace la question de la drogue dans le cadre de l'analyse de la société postmoderne. Pour lui, les drogues seraient un *raccourci chimique* destiné à fabriquer de l'individualité, un moyen artificiel de multiplication de soi, dans un contexte social où règne l'idée que c'est en soi qu'il faut trouver la source d'une transcendance : entreprendre au nom de soi-même. Dans la société la diffusion et la consommation de drogues suscitent la hantise d'une vie privée illimitée, c'est-à-dire d'une société sans espace public. L'addiction toxicomaniaque, comme le simple recours à la drogue, serait ainsi un moyen désinhibiteur de l'action dans une quête du mieux-être et de la performance individuelle. Replacée dans ce contexte, l'addiction deviendrait une dépendance à ce paradoxe de l'individualisme.

Toutes les écoles psychopathologiques ont tenté de fournir des interprétations de l'usage de drogue et de l'addiction toxicomaniaque. Si le cognitivisme et le systémique ont apporté leurs contribution, en France ce sont les références à la psychanalyse qui dominent. Toutefois les théories qui dépendent de cette dernière sont loin d'être univoques et s'opposent sur certains point comme le statut même de l'objet, le rôle du narcissisme ou l'unité de la toxicomanie.

La position de Freud sur la toxicomanie a ceci d'original qu'on connaît ses travaux préanalytiques sur la cocaïne, ses effets positifs, son utilisation thérapeutique et qu'à quelques rares occasions seulement il a, en tant qu'analyste, donné des indications rapides sur la psychopathologie de la toxicomanie. Il a notamment avancé qu'elle pouvait être un substitut de la satisfaction sexuelle, en particulier de la masturbation (1897). S'il y a dans l'œuvre de Freud des concepts qui permettent de penser la toxicomanie, il n'ira pour sa part guère au-delà. Sandor Rado, précurseur en la matière, avancera le terme d'« orgasme pharmacogénique », plaisir autoérotique oral. Les toxicomanies seraient des formes d'un même trouble caractérisé par une dépression initiale : la thèse de la lutte contre la dépression trouve ici son origine historique.

L'interprétation psychanalytique pose plusieurs questions dont les réponses partagent les conceptions : la notion de structure, l'autodestruction, les mécanismes et l'origine de la dépendance, la fonction de la toxicomanie. Le débat porte sur l'existence d'une « structure toxicomaniaque », au même titre que sont évoquées les structures névrotique, psychotique et perverse. La plupart des auteurs actuels réfutent l'idée d'une structure spécifique, le comportement addictif pouvant coexister avec n'importe quelle structure. Les positions peuvent d'ailleurs être radicales : Zafiropoulos avance que « Le toxicomane, donc, n'existe pas. N'existent que des psychotiques, des pervers et des névrosés, qui consomment des drogues ». En conséquence, il faut lire la consommation des drogues dans le cadre des structures subjectives qui l'activent (M. Zafiropoulos, 1988, *Le toxicomane n'existe pas*, Navarin, p. 98). En employant ce terme dans un sens équivalant à celui d'organisation psychopathologique spécifique et exclusive d'une autre, on ne répond qu'à une partie de la question : qu'ont donc en commun les toxicomanes dépendants ? En effet, si « structure » est un terme qui s'applique avant tout au sujet de l'inconscient, peut-être n'a-t-il pas de pertinence dans l'approche de ce qui concerne précisément le rapport au produit. Allons plus loin, il paraît admis que chez le toxicomane dépendant la structure est dissimulée et ne devient accessible que quand le sujet n'est plus pris dans le comportement mais capable de produire sa toxicomanie comme un symptôme au sens analytique du terme, c'est-à-dire lorsqu'il peut lui donner un sens historique et que les effets du toxique font l'objet d'une mise en scène dans le transfert. Raisonner en termes de structure, pour cohérent que ce soit avec la pratique de la psychanalyse, n'élimine donc pas l'existence de processus communs chez les toxicomanes même si l'on ne peut voir là une structure.

La clinique retrouve chez les toxicomanes l'existence

d'une souffrance, généralement difficile à verbaliser ou même simplement à représenter. Qu'il s'agisse de la douleur d'être et de ses conséquences potentielles (auto-destruction, d'évolution psychotique), ou du sentiment de vide intérieur, de perte du sens de l'identité et de l'existence, la souffrance psychique est présente, souvent tue, transformée en manque du produit, mais d'autant plus insistante que le sujet s'éloigne de l'objet. Si le corps n'est pas toujours le lieu de la douleur, la souffrance psychique est bien souvent ressentie corporellement comme si ce qui ne peut se jouer sur la scène psychique était automatiquement situé dans l'éprouvé corporel avec une indistinction entre phénomènes somatiques, affects et composantes corporelles des processus psychiques. La toxicomanie est ainsi un moyen de traiter un malaise, un dysfonctionnement interne, auquel les auteurs ont pu donner plusieurs formes : douleur, souffrance, dépression, impression d'irréalité… Olievenstein avait souligné le colmatage de la brisure, S. Le Poulichet nous révèle ainsi que « L'opération du pharmakon représente bien une *suppression toxique* de la douleur et une restauration de l'objet hallucinatoire. Elle survient alors comme en réponse à un manque d'élaboration du corps qui évoque, selon les différentes toxicomanies, un trouble du narcissisme ou (…) un manque d'élaboration du corps pulsionnel, tous deux directement reliés à une défaillance de la fonction symbolique » (*Toxicomanie et psychanalyse,* p. 55). Chez certains, la toxicomanie addictive vient éviter l'irruption de l'affect, de sentiments, d'émotions. Ces exclus de la scène psychique ne réapparaissent pas dans la sphère corporelle sous forme de conversion ou de somatisation, mais le corps, en tant qu'organe récepteur, est modifié. Le produit modifie les perceptions corporelles, transforme le corps, pour se défendre contre ce qui pourrait être ressenti comme une douleur psychique. Le rôle du produit est autant de faire taire quelque chose en soi que de produire un *ersatz* de représentation sous la forme de l'hallucination toxique, de l'élation alcoolique ou héroïnomane. L'affect, l'émotion, dont la dimension de mobilisation corporelle ne saurait être niée, sont ainsi exclus du psychisme au prix d'une mise en cause du corps et de ses fonctions.

L'addiction toxicomaniaque pourrait ainsi être une « solution » à une souffrance, solution qui pose le problème de la rencontre avec le toxique et de ce que certains ont nommé l'« initiation » (« rencontre initiatique avec le produit »). Olievenstein avait évoqué la *lune de miel* avec le toxique, la première rencontre entraînant une mutation de l'organisation psychique, la mémoire de cette expérience impliquant à la fois répétition et vérification itérative de la possibilité de la reproduire dans la réalité. Cette rencontre n'est pas seulement celle d'un individu avec une substance aux effets puissants sur la conscience. C'est en effet ici que réside le premier élément de l'addiction, le second étant l'impossibilité à se déprendre de la consommation avide. Pour qu'il y ait rencontre il faut qu'il y ait à la fois malaise et effet du produit sur le malaise. Au-delà des sensations produites par le toxique, la rencontre comporte une dimension de choc, permettant la réunification du sujet. De Quincey l'avait dit : l'opium est un moyen d'être normal. Mais pour qu'un tel choc existe il faut à la fois que le toxique vienne s'inscrire à une place prédestinée chez le sujet et que cette rencontre ait été inimaginable : exclusion de la souffrance, jouissance inattendue, unité de soi-même, tels sont les effets d'une rencontre dépendante des défaillances du sujet. Mais si c'est le sujet qui fait le toxique, n'est-ce que lui, ou bien d'autres éléments de circonstance, plus transitoires interviennent-ils aussi ? Le produit est rarement seul car il prend place dans une chaîne de relations, de gestes, de groupes, voire de phénomènes de contre-culture. La rencontre initiatique qui donne au produit son extrême nécessité et son

« auréole » est aussi une reconstruction du sujet : à mesure que le temps passe cette expérience est magnifiée, mythifiée, et d'autant plus loin des sensations actuellement obtenues. Si la rencontre avec le produit a l'effet d'une « catastrophe » (au sens plein du terme) qui lie irréductiblement le malaise, le produit et le corps, la répétition pourrait être une tentative de restauration, de conservation de ce qui s'enfuit irrémédiablement. Que les métaphores de l'incorporations soient appelées pour rendre compte du phénomène est donc loin d'être étonnant.

La dépendance a partie liée avec l'assujettissement, tant dans le sens de l'obligation que de l'aliénation. Si la dépendance physique se caractérise par l'apparition d'une souffrance en l'absence de l'administration du produit, la dépendance psychologique concerne la *représentation* de l'objet, mode de rapport qui peut se superposer à la dépendance physique, mais aussi apparaître en d'autres circonstances : dépendance amoureuse, affective, matérielle... Olievenstein établit un rapport particulier, chez le toxicomane, entre dépendance et accoutumance : la dépendance serait une lutte contre l'accoutumance et un phénomène actif. Elle est un mode d'existence qui trouve son origine dans une expérience – celle du toxique – mais ne s'y limite pas. Elle correspond, non à une soumission « involontaire » que le sujet subirait, mais à une forme de maintien d'une relation avec ce que le toxique a fait connaître au sujet lors des premiers effets, rencontre mythique d'autant plus magnifiée que l'effet actuel s'éloigne de ce que rapporte le souvenir. Pour Jeammet la dépendance – au sens psychique – est à situer par rapport à la sensibilité du sujet aux réponses des objets de l'environnement qui joue le rôle d'un organisateur du psychisme et va « entraver l'accomplissement des processus d'intériorisation, et d'introjection en particulier, entretenant cette dépendance et nécessitant la mise en place de modalités parti-

84

culières d'aménagement des relations objectales ». La carence des mécanismes internes serait à l'origine de la soumission aux objet extérieurs, ce que l'on retrouve dans la problématique de l'étayage. Pour Charles-Nicolas, la pharmacodépendance, interprétée à partir des travaux de Winnicott, vient en lieu et place de la dépendance primitive non secondarisée, en reprenant les mêmes traits d'utilité vitale et en fournissant au Moi une cause externe à sa dépendance : la drogue. La dépendance psychique se constituerait ici dans le rôle joué par le produit dans l'extinction de ce qui perturbe l'économie du sujet, mais aussi par l'augmentation paradoxale de ses affects. Selon un schéma connu l'existence d'une protection contre le danger représenté par les affects contribue à rendre l'appareil psychique plus intolérant encore aux tensions internes. De même que l'aggravation progressive de l'état physique du sujet ou de son apparence du fait de l'addiction, entraîne une intolérance à son image, parfois accompagnée de propos au caractère mélancolique, dont le « travail » (au sens du « travail mélancolique ») se résout en une reprise de l'addiction. La dépendance procéderait ainsi d'un double mouvement (répudiation de l'affect, intolérance à la souffrance émanant du corps sur lequel se projettent les impasses de l'élaboration psychique) et répondrait à la propriété de l'objet de restituer une fonction d'intégration ou, dans la plupart des cas, d'éviter le traumatisme représenté par l'effraction de l'affect.

La question qui divise le plus les auteurs est celle de l'origine de la toxicomanie. Certes, il n'existe pas de structure toxicomaniaque, alors comment rendre compte de sa genèse sans en venir à croire – ce qui serait un comble – que ce sont les effets du toxique ou la dépendance physique qui produisent la toxicomanie : qu'ont donc en commun les sujets qui s'engagent dans la solution toxicomaniaque à l'exclusion d'une autre et pour lesquels ces actes répétés ne correspondent en rien à la structure du symptôme telle que la psychanalyse la définit ? Parmi les tentatives d'explication du recours à l'addiction toxicomaniaque deux courants se dessinent : le plus important se réfère aux avatars du développement, le second développe des conceptions plus structuralistes dans lesquelles le recours aux moments du développement est secondaire ou inexistant. L'idée d'une fixation à la phase schizo-paranoïde et d'une régression des mécanismes de défense du moi a été avancée par Rosenfeld sans grand succès du fait de son absence de spécificité. La plupart des auteurs se réfèrent à des concepts évoquant les troubles de l'identité, de l'intériorisation, de l'individuation, ou les conflits entre relation d'objet et narcissisme. L'hypothèse de la défaillance des processus d'introjection est naturellement présente, coexistant avec des conceptions plus originales. Olievenstein évoque ainsi la notion de « miroir brisé » : très précocement l'enfant futur toxicomane subirait un traumatisme (stade du miroir brisé : « Tout se passe comme si au moment où il se regardait dans le miroir constituant de son identité celui-ci s'était brisé », Olievenstein 1987). Cette brisure entraîne l'enfant à une succession de vérifications qui le renvoient à une identité irréalisable et va le pousser à explorer toutes les possibilités (« stade de la démesure » que l'on pourrait aussi nommer *clinique de l'excès*). Que l'entourage, la famille, participent à cette brisure et à son impossible colmatage n'est pas douteux. La rencontre avec le produit permet de colmater artificiellement et illusoirement la brisure dans un contexte d'extrême plaisir ou de soulagement inégalé. Cette conception, très étroitement liée à la clinique situe le toxicomane dans une position intermédiaire entre l'enfant psychotique (stade du miroir impossible) et l'enfant normal (stade du miroir réalisé) et accrédite implicitement la thèse d'une origine infantile probable mais peu vérifiable.

Les thèses structurales sont sensibles à ce que révèle

la toxicomanie sans s'engager dans une construction étiologique mythique. Ainsi Le Poulichet met-elle l'accent sur les différences de fonctions restitutives de l'addiction toxicomaniaque. Elle oppose en effet les toxicomanies de *suppléance* et de *supplément*. Dans les toxicomanies de *suppléance* il s'agit d'une restitution hallucinatoire d'un fragment du corps défaillant pour tenter de *fermer* le corps victime d'une hémorragie. Dans les toxicomanies de *supplément* l'élaboration du corps pulsionnel ne fait pas défaut, elles réalisent une mise en suspens du désir et un évitement de la castration symbolique.

On a fréquemment établi une relation entre addiction toxicomaniaque et mort : fréquence des tentatives de suicide, des overdoses, conséquences de la transmission du VIH par voie parentérale, négligence somatique, prise de risque léthal... Ces éléments contribuaient à soutenir la thèse de la toxicomanie comme autodestruction indirecte avec sa double composante de masochisme et d'expression directe de la Pulsion de mort. Cette conception était trop extrême et trop peu pertinente sur les plans théorique et clinique pour être convaincante. Si la toxicomanie est une autodestruction, quels sens donner aux gestes autodestructeurs qui semblent la rompre ? S'il existe bien dans l'addiction toxicomaniaque une composante masochiste (masochisme moral et érogène) secondaire à une culpabilité inconsciente et à la jouissance liée au produit, d'autres comportements mettant en jeu la mort sont des tentatives de rupture de la dépendance et des tentatives – complémentaires – de restitution de l'identité devant l'échec de la « solution toxicomaniaque ». Le terme de « conduites ordaliques » trouve ici tout son intérêt. La mort risquée dans la toxicomanie serait donc plus en rapport avec la restauration qu'avec la destruction inéluctable de soi.

L'addiction toxicomaniaque est étroitement dépendante de l'initiation, de la répétition et de l'emprise (impossibilité de mettre un terme au comportement). On peut estimer que des troubles du développement infantile ou des impasses du fonctionnement psychique (difficultés à traiter psychiquement la souffrance par exemple) interviennent dans la genèse de la toxicomanie, dans l'importance conférée à la rencontre avec le produit. Mais l'emprise et la répétition sont-elles entièrement réductibles à ces troubles ou à ces impasses ?

2

L'ALCOOLISME

Le sujet alcoolique exprime rarement une demande concernant son état. Rarement le sujet parle de lui-même : il sait qu'il boit, mais il rationalisera la « cause » en l'attribuant plutôt à des phénomènes externes. Lorsque le sujet alcoolique s'exprimera, au-delà de la demande, il collera à l'événementiel, à l'insignifiant, ne se situant que dans le présent, ce qui le décale du temps des autres et le prive de projets. Outre l'englument dans le présent, les identifications de façade, l'apsychognosie de son état (selon l'expression de Fouquet), l'alcoolique va s'enfoncer dans la solitude car l'expérience ne se partage pas authentiquement : solitude « dorée » (apparence des bénéfices de la consommation), puis solitude anxieuse (caractérisée par le déni) qui ouvre à la solitude marastique (temps des déchéances liées à la dépendance physique et/ou psychique), selon la description de J. Rainaut. Au travers de l'appauvrissement des relations d'objet au cours du temps se dessine le déclin progressif du plaisir vécu : au début plaisir par les sensations provoquées (encore que certains buveurs signalent leur aversion originaire, leur dégoût sans cesse confirmé pour l'alcool), par la non perception du risque et le sentiment de rester maître de soi entre deux imprégnations, puis arrive la contamination de l'univers subjectif par les affects anxieux et/ou dépressifs, et finalement s'installe le vécu de marasme et de déchéance.

L'alcoolisme est donc une expérience de la modification subjective dans et par le temps (effets prolongés de la répétition), une trajectoire relativement structurée de la conscience de la jouissance et de la souffrance, la dépendance psychique (immédiate, graduelle ou tardive) n'alertant que peu le sujet sur son inaptitude à renoncer. La prise de conscience finira par se produire, dans des conditions très variables selon les sujets, mais généralement tard et plutôt à l'occasion d'événements de crise. Toutefois, dans la rencontre clinique le tableau est singulier et variable : la réversibilité des traits, pour la grande majorité, s'observe à toute occasion de sevrage. Parfois, l'alcoolique se voit lui-même comme un malade et un être culpabilisé, tandis que la population le perçoit comme une victime impuissante dont l'état est peu réversible, à plaindre plutôt qu'à stigmatiser.

La dépendance alcoolique en situation de chronicité, tôt objet d'application du modèle psychanalytique de la personnalité, a subi les transformations de la théorie. Le conflit oral a été vu comme résultant des fixations précoces de l'enfant soumis à la déprivation ou à trop d'indulgence : le sujet est mal protégé contre la rage et l'hostilité, peu mature, en proie aux affects dépressifs, engagé dans des relations d'objets clivées, emprisonné dans des désirs forts de dépendance et des motions régressives de fixation à la mère, usant du déni comme défense élective. L'alcool joue alors le rôle d'une soupape de sécurité pour purger les affects et les représentations indésirables. Un autre thème classique souligne l'homosexualité latente et la possibilité de l'*acting* homosexuel sous l'emprise de l'alcool. Plus variables, selon les périodes et les évolutions de la théorie, d'autres thèmes sont à souligner : 1/ Le mouvement

de destruction du Soi (effet et signal du processus).
2/ L'appétence irrépressible comme déplacement du plaisir sexuel normal vers un plaisir *erzatz pharmacothymique*. 3/ Le rôle des problématiques et des conduites de toute puissance régressive.

La prédisposition à la chronicité a été référée à la faible capacité du sujet à gérer psychiquement l'affect sinon par le moyen de l'usage massif du clivage face aux poussées intenses d'affects. Ces poussées jouent le rôle du trauma psychique actuel conduisant aux états régressés, là où les sentiments ne peuvent être efficacement expérienciés, discriminés et verbalisés. Ces poussées affectives intenses concernent principalement la rage, l'agression et la honte : c'est ce qui rendrait compte dans le développement ultérieur de la vulnérabilité massive à développer une dépression, phénomène considéré comme central chez l'utilisateur de substance.

Un consensus assez large s'est dégagé les deux dernières décennies sur l'étiologie *narcissique* du trouble. Les causalités que représentent le conflit psychique, le *holding* précoce et ses avatars provoquent un ensemble de phénomènes et de processus – formulés principalement en termes de modèle de la perversion et/ou du déficit intégratif des introjects liés au couple corps/affect – qui révèlent dans l'alcoolisme chronique un déficit de régulation de l'appareil psychique et/ou une composante masochiste à ne pouvoir satisfaire ses besoins et désirs. Il en résultera un Moi écartelé, voire parfois clivé, entre des positions d'autosuffisance et de négation des besoins et des positions d'engloutissement dans les relations d'objet soumises. De tels conflits expliqueraient alors l'usage de l'alcool comme tentative autocurative.

Les recherches récentes infirment certains éclairages psychanalytiques : il est difficile dans le consensus actuel de continuer à considérer l'abus d'alcool comme relevant d'une automédication primaire. Les références à la psychose ou aux états limites se heurtent aux résultats des travaux récents : les liaisons concernant l'alcoolisme secondaire et la schizophrénie ou l'état limite sont très controversées. Le lien avec la personnalité névrotique, délaissé par les conceptions psychanalytiques récentes, serait en revanche plus établi. Les troubles thymiques (dépression, anxiété) ne peuvent plus facilement soutenir la thèse de l'alcoolisme secondaire tant ces troubles sont à présent considérés comme des perturbations réversibles liées à la consommation et au phénomène de sevrage. Si l'idée de l'alcool comme solution au conflit conserve sa valeur, il ne s'agit plus du conflit intrapsychique mais du conflit comportemental avec l'environnement (Peele). L'évolution du savoir n'annule pas pour autant l'intérêt pour les pratiques de l'apport psychanalytique : dans notre pays, l'intérêt reste vif aux yeux d'un grand nombre de praticiens.

Les théories de l'apprentissage (conditionnement classique, conditionnement opérant et apprentissage social) dès le milieu des années 1960, les théories cognitives plus récemment ont éclairé l'addiction alcoolique et plus largement l'ensemble des addictions. S. Peele, qui a proposé un paradigme psychologique des addictions (du moins au sens khunien du terme), s'inscrit dans cette ligne de travaux.

Les approches interactionnistes et systémiques ont mis en lumière le rôle joué par la famille. L'on connaissait de longue date des faits tels que l'épouse commençant à présenter des signes de morbidité lorsque l'époux alcoolique allait mieux (ou réciproquement). Ces phénomènes étaient entendus en termes psychanalytiques de contrat névrotique, de masochisme, de besoins oraux insatisfaits ; l'on doit aux apports interactionnistes d'avoir montré que le comportement addictif résultait moins d'une pathologie individuelle que de problèmes d'interaction au sein du groupe, à la limite se proposant d'être un « programme comportemental » inventé par l'acteur alcoolique pour préserver l'homéostasie familiale. Si ces apports ont éclairé des aspects des comportements addictifs, ouvert des voies importantes pour la prise en charge, ils n'ont pas donné lieu – excepté Peele – à des modélisations spécifiques de l'addiction dans son ensemble.

3

LA BOULIMIE

La boulimie est la principale « addiction alimentaire », l'anorexie, malgré ses liens avec elle, étant un trouble d'une autre nature. Les études psychopathologiques d'obédience analytique se sont particulièrement développées ces dernières années. Les travaux de Igoin, de Brusset, de Jeammet ouvrent ainsi la voie à une réflexion féconde sur cette pathologie difficile à comprendre et à expliquer.

Comme pour les autres addictions se pose la question de ses rapports avec la culture, notamment, puisqu'il s'agit très fréquemment de femmes, avec la condition des femmes. Sur le plan général on s'interroge sur les relations entre les informations médiatiques sur la boulimie et sa diffusion ; existerait-il une « contagion sociale » de symptômes largement décrits par les médias, et par quels mécanismes ? Plus proche de la question de la féminité certains auteurs mettent en rapport la boulimie avec les contraintes dont sont l'objet les femmes dans notre société. Les troubles des conduites alimentaires, dont la boulimie, pourraient être des actes de protestation contre ce qui est exigé des femmes. On a aussi évoqué l'idée que les attaques contre le corps que provoquent elles-mêmes les patientes pourraient être des attaques contre la mère déplacées sur la nourriture. Le modèle identificatoire que la mère aurait laissé à l'enfant (rôle féminin traditionnel) serait en contradiction avec les contraintes sociales actuelles et certaines aspirations des femmes. Tenter de s'éloigner d'une image sociale dévalorisée de la mère serait alors une issue dont les conséquences pourraient être l'apparition des troubles alimentaires.

Plusieurs auteurs ont montré que l'on retrouvait chez les boulimiques des processus à l'œuvre dans d'autres troubles. Certes la construction de modèles, notamment en psychanalyse est souvent dépendante de rapprochements avec des organisations déjà connues, mais dans la boulimie (Igoin 1979) il existe des parentés avec l'hypocondrie, l'hystérie, la perversion et la mélancolie, entité déjà mentionnée par K. Abraham. Comme dans l'hypocondrie s'exprime l'avalement catastrophique du monde (telle que la révèle le délire de Schreber), comme dans l'hystérie apparaît le déploiement des substitutions orales. Comme dans la perversion se retrouvent le débat entre les mots et les choses et comme dans la mélancolie se retrouve une forme de cannibalisme endeuillé. Au-delà de ces analogies de processus, il est patent que le comportement et la plainte boulimiques expriment une souffrance indicible que les mots sont trop pauvres à rendre, une forme de persécution interne, une utilisation détournée – involontaire toutefois – d'une fonction somatique venant dans le réel exprimer un conflit interne, une prévalence de la substitution. Mais, ainsi que l'a montré Célérier, la boulimie rappelle aussi ces situations électives, comme la pathologie psychosomatique (Pedinielli 1992), dans lesquelles se manifeste, au contraire de l'hystérie, une rupture entre la parole et le corps : le discours, la levée du refoulement œdipien, pour autant qu'il existe, sont impuissants devant les manifestations corporelles.

La boulimie concerne la sphère alimentaire, ce qui n'implique pas que l'on puisse inférer qu'il s'agisse d'oralité. L'autoérotisme s'étaye sur une fonction d'autoconservation mais ne se confond pas avec elle. Ce n'est donc pas tant le fait de manger qui est en cause que d'autres traits plus pertinents du fonctionnement oral. Jeammet évoque ainsi les «fantasmes d'englobement» dans lesquels mère et fille semblent se contenir mutuellement; la boulimie souligne précisément ce fonctionnement dans lequel le sujet est prisonnier de la nourriture qu'il dévore comme si c'était celle-ci qui le dévorait. La référence à une analogie avec la mélancolie et aux thèses du cannibalisme oral et aux premières relations à la mère soutient cette conception. Pour Rosolato, le recours à la nourriture pourrait correspondre à un maintien de l'attachement primitif dans lequel la mère fait figure de «tout». Mais la boulimie n'est pas que l'expression comportementale de fantasmes ou de désirs oraux. Comme dans l'anorexie la maîtrise anale, la dimension phallique sont présentes dans la problématique des sujets et dans la manière dont elles évoquent l'acte. La perte de contrôle, qu'évoque le terme de compulsion, notamment souligne que quelque chose se répète dans le psychisme sous la forme d'un «au-delà du plaisir», d'un non-lié qui vient perturber l'équilibre. Ce n'est pas de retour du refoulé qu'il s'agit mais bien d'un phénomène différent qui traduit la déliaison – anale notamment – manifestation d'une destructivité interne. Mais cette perte de contrôle c'est aussi l'expérience de l'altérité, de l'étrangeté à soi-même, de ce que le langage est impuissant à rendre et à juguler.

Comme le rappelle Brusset (1991) la caractéristique de la boulimie est l'utilisation du corps et des besoins pour obtenir des effets psychiques. Cette utilisation se substitue à l'organisation psychique dont elle pourrait pallier les défaillances.

Le fonctionnement boulimique exprime différentes formes de cette utilisation du corps dans laquelle l'acte alimentaire se substitue aux «mécanismes de défense et à l'élaboration psychique pour réorganiser, en l'appauvrissant à des degrés très divers dans des alternances sans issue entre le vide et le trop-plein, la vie affective du sujet » (Brusset 1992). Le recours à l'agir alimentaire, la prévalence de la sensation corporelle, semblent s'associer à une démétaphorisation ou à une absence de symbolisation des phénomènes. L'avidité relationnelle des boulimiques reproduit d'ailleurs la même problématique de « déséquilibre des régulations narcissiques » (Jeammet 1991). L'insuffisance des intériorisations et la faiblesse du procès de différenciation témoignent de la fragilité du narcissisme qui font prévaloir les objets externes sur un mode rappelant l'étayage. Le mode de fonctionnement des boulimiques se caractérise donc par un ensemble de mécanismes évoquant la protection contre ce que peuvent représenter les différents aspects du fonctionnement psychique par des processus d'externalisation et de limitation des investissements.

Le fonctionnement boulimique serait à rapprocher des difficultés des liens infantiles avec les objets parentaux. Fédida se référant à l'incapacité de la mère à assurer la modulation de l'illusion primitive, et à contenir les projections angoissées de l'enfant, Célérier recourant au statut de l'enfant comme complément narcissique du couple parental, d'autres auteurs renvoyant à Bion pour incriminer les défaillances de la fonction contenante et de la capacité de rêverie de la mère, illustrent cette ligne de réflexion. Mais une théorie de la boulimie doit pouvoir expliquer le rapport existant entre les troubles liés à l'infantile et la production de la boulimie, c'est-à-dire la spécificité de la boulimie. Jeammet estime que cette spécificité peut être évoquée à deux niveaux : il y a d'une part ce qui suscite un agir plutôt qu'un symptôme psychique ou somatique (dont il situe l'origine dans le conflit entre narcissisme et relation d'objet) et, d'autre part ce qui permet de comprendre la régression qui amène à l'élection du symptôme boulimique. Le premier niveau correspond au modèle général de l'addiction de P. Jeammet tel qu'il a été exposé précédemment. La régression spécifique de la boulimie est déclenchée par certains facteurs qui, généralement, évoquent l'incomplétude (situation œdipienne, différence des sexes). La boulimie se caractérise par une incapacité des zones érogènes à organiser le mouvement régressif, elle révèle « l'échec d'un autoérotisme qui associe intimement lien objectal, construction des frontières du Moi et autonomie narcissique incluant l'objet dans son fonctionnement » (Jeammet 1991). La régression boulimique posséderait donc une fonction désobjectalisante qui vise à maintenir l'identité, faute de points d'ancrage érogènes dont la constitution dépend de l'étayage maternel et de ses avatars ultérieurs. Le boulimique limite ainsi les capacités introjectives par une tentative d'externaliser l'origine interne de l'excitation sur le besoin, l'appétit que le sujet peut tenter de contrôler comme un élément de la réalité externe.

Rapports avec l'anorexie. – La boulimie et l'anorexie sont deux troubles que l'on peut associer sur certains points bien qu'ils répondent à des mécanismes différents. Leur alternance chez certaines patientes a même pu permettre de penser que l'un servait de défense contre l'autre, mais cette hypothèse est insuffisante pour faire de l'anorexie une addiction ou, simplement, pour rendre compte de l'organisation des anorexiques : elle permet uniquement d'analyser le fonctionnement des patientes passant de l'anorexie à la boulimie (ou *vice versa*). Les auteurs qui ont abordé l'anorexie mentale de manière spécifique ont évoqué des mécanismes particuliers dont certains peuvent rappeler ceux de la boulimie (par exemple Bruch, Brusset, Jeammet, Célérier), notamment les difficultés identificatoires et la régression pulsionnelle. Toutefois, l'anorexie présente à leurs yeux un fonctionnement spécifique.

L'anorexie mentale est un trouble de l'adolescence lié aux exigences d'ajustement de l'appareil psychique soumis aux effets des transformations de la puberté, de la reviviscence des conflits œdipiens et préœdipiens et notamment de l'angoisse de castration que les sujets ne peuvent assumer faute d'organisation génitale stable (défaut à mettre au compte des relations précoces avec l'entourage). Pour Kestemberg *et al.* (1972), qui restent fidèles au schéma freudien « fixation – conflit – régression », l'anorexie se caractérise par une régression particulière : elle ne rencontre aucun point de fixation ni d'organisation autour des zones érogènes et ne peut s'arrêter qu'aux précurseurs de la relation avec l'objet. En outre elle se définit par une organisation pulsionnelle marquée par le *masochisme* érogène primaire (le plaisir est directement dépendant du refus de la satisfaction du besoin), l'*érotisation* de l'absence de satisfaction d'un besoin vital (*orgasme de la faim*). Toutefois la satisfaction provenant de cette érotisation de la sensation de faim – forme d'autoérotisme archaïque – ne suffit pas à assurer un équilibre durable (Brusset 1991). Si le triomphe ascétique anorexique procure une jouissance narcissique, le système est menacé à la fois de l'intérieur (irruption pulsionnelle, notamment sous la forme boulimique, et surgissement des représentations inconscientes) et de l'extérieur. Bien que l'anorexie soit une conduite qui concerne les activités d'ingestion, l'oralité (fixation et/ou régression) n'est pas l'élément déterminant de l'anorexie, puisque l'*analité* est particulièrement présente comme le montre le plaisir de contrôler et de maîtriser (le corps, soi-même, les autres).

L'anorexie mentale se caractérise aussi par une série de clivages et de dénis. Le déni (*Verleugnung*), articulé à l'échec de l'organisation œdipienne, porte sur la réalité du corps propre et entraîne, en utilisant le modèle retrouvé dans la perversion, la *fétichisation* du corps, d'où la formule saisissante de Kestemberg *et al.* évoquant la *perversion froide* ou la *psychose gelée*. Le clivage du Moi entre un Ça ignoré et un Idéal du Moi mégalomaniaque qui fait office de Surmoi, l'existence d'un faux-Self sont caractéristiques de ce fonctionnement particulier. Les identifications sont superficielles, du fait des difficultés d'introjection et d'identification, et concernent des personnages externes, des modèles idéalisés, contraignants, projection de la toute-puissance infantile, témoignant des défaillances narcissiques et des impossibilités d'investissement objectal.

Le rôle pathogène des relations avec la famille a été cité par de nombreux auteurs se référant à des conceptions différentes, particulièrement systémiques ou psychanalytiques. Dans ce contexte M.-C. Célérier (1990) organise la psychopathologie de l'anorexie autour de la dialectique de l'*emprise*. Durant son enfance, la future anorexique serait sous l'emprise des parents et notamment de la mère qui n'a pu supporter un enfant différent de son désir. A l'adolescence, le corps de l'enfant qui, jusqu'alors correspondait au corps idéal, se révèle comme différent pour soi et pour l'autre. Dans l'enfance, le corps appartenait plus à la mère qu'à l'anorexique, à l'adolescence c'est le corps qui étend son emprise sur le sujet. Selon Célérier, les anorexiques se consacrent à lutter contre l'emprise du corps en tentant d'assurer un contrôle sur le corps. Par le biais de cette emprise sur son propre corps, l'anorexique établit aussi son emprise sur les autres (parents, soignants, entourage plus lointain), ce que révèle bien les réactions de l'entourage aux positions de défi du sujet. L'anorexie a réussi à retourner la situation mais avec un risque de mort et une destruction d'une partie de soi et de ses désirs.

L'anorexie mentale paraît donc bien être une organisation psychopathologique spécifique qui présente des parentés avec l'addiction, mais possède son cours propre : le recours à l'addiction, au jeûne (sensation de faim ou autres manifestations psychiques) n'est pas suffisant pour expliquer l'anorexie mentale. Brusset (1991) montre fort justement que l'anorexie tente de dénier la tendance addictive tout en l'accomplissant à l'abri d'une position narcissique (idéal de perfection physique et psychique). Le retournement de l'anorexie en boulimie ou l'échec de l'anorexie mentale chez la boulimique met profondément en cause cet idéal de toute-puissance faisant apparaître la honte à la place de la fierté. Boulimie et anorexie, tout en présentant une parenté de structure, doivent donc être considérées comme différentes dans leurs processus et dans leurs cours, même si elles peuvent s'entrecroiser.

4

LE JEU PATHOLOGIQUE

En écoutant les joueurs on est frappé par leur utilisation d'un lexique dans lequel dominent des thèmes de condamnation morale, de dépendance, de maladie, d'emprise psychique, de souffrance mais aussi de plaisir, d'étrangeté. Le rapport au jeu est caractérisé par le clivage, les joueurs adoptant à la fois des positions d'adhésion et de distance : ils observent ce qui se produit, mais leur conscience réflexive se double d'une impuissance à produire un changement.

Le noyau du jeu, tel que l'on peut le reconstruire à partir des discours et des comportements de joueurs, se caractérise par plusieurs invariants. Le plaisir d'une prise de risque (où le hasard et le risque sont peu contrôlés) suscite un *espoir* auquel il peut y avoir une réponse immédiate (non ou peu différée dans le temps) qui se situe hors du langage. La confrontation au hasard considéré comme le *destin* (vision littéraire), la *chance*, ou le *sort*, est déterminante, avec ce paradoxe que le hasard finit par être annulé au profit d'une *nécessité* ; le sujet croit à certains moments que le hasard fonctionne selon des lois précises qu'il lui faut découvrir pour les maîtriser. La capacité de *tout remettre en cause* d'un coup coexiste avec la possibilité de *répétition* immédiate annulant ce qui s'est passé avant. Le jeu entraîne la production de *sensations* particulièrement fortes (tension, attente, immobilisation du temps, élation ou dépression, espoir, avec ou sans temps de répit). Il évolue vers une production de l'espoir (gagner, puis être admiré, puis espérer). Comme dans les autres addictions le sujet se croit libre dans son rapport au jeu et ne se découvre dépendant que lorsque celui-ci fait défaut.

Le joueur connaît des moments de lucidité au cours desquels il est « écœuré » par le jeu (après avoir joué et souvent perdu) mais ces instants disparaissent à mesure qu'il s'éloigne du moment où il a joué, l'écœurement laissant graduellement place à l'envie. Certains décrivent des phénomènes d'étrangeté : « je ne comprends pas ce qui s'est passé en moi », comme s'il existait une modification de la conscience pendant le jeu, une sorte de dédoublement. L'ambivalence se manifeste aussi dans le jugement négatif porté sur le jeu. Les joueurs sont extrêmement durs – et réalistes – avec eux-mêmes, exhibant leur « petitesse », leurs « faiblesses », leur « médiocrité », à l'instar du mélancolique. Cette position est toutefois remise en cause par des attitudes plus mégalomaniaques, le joueur déployant alors son assurance, son hypertrophie du Moi, sa certitude d'être différent des autres. Tous perçoivent bien leurs difficultés, mais sont incapables de mettre à profit ce savoir : ils se voient « descendre », mais sont impuissants à arrêter la spirale en pensant que le jeu reste la seule solution à ce problème. La conscience de la dépendance amène certains joueurs à rechercher auprès d'eux quelqu'un (conjoint) qui puisse les « contrôler » et les aider à résister à leurs impulsions.

Certains joueurs décrivent une jouissance exceptionnelle dépassant la jouissance sexuelle, d'autres l'absence de sensations douloureuses pendant le jeu qui leur permet de se sentir bien. Le jeu induit une forme de restauration de l'identité (les sujets mentionnent l'idée de « se retrouver », « s'affirmer », d'« être reconnu », d'« être admiré » en cas de gain, ou de stoïcisme dans la perte), sentiment renforcé par la certitude d'appartenir à un groupe d'initiés différents du commun. Mais le groupe ne fait pas lien, les joueurs ne se fréquentent pas. Pendant l'action du jeu le sujet connaît une forme d'excitation ; il semble y avoir une abolition du temps, donc une modification de la conscience avec disparition du passé, du futur, tout se jouant dans l'instant. Les joueurs décrivent des situations de déplaisir qui sont liées au jeu (souffrance, dépendance…) ou à leur perception d'eux-mêmes. Ils évoquent ainsi la souffrance, les lendemains horribles (alors que pendant le jeu ils ne souffrent pas), le sentiment d'être malheureux. L'emprise (dépendance) du jeu qui occupe la tête, qui empêche de travailler, en fait une obsession, un besoin. Le stress permanent, la limitation des activités vitales (perte d'intérêt pour la nourriture), la diminution de la sexualité, le sentiment d'être atteint de quelque chose de grave (utilisation de termes médicaux comme virus, cancer, drogue…) sont affirmés, la dimension autodestructrice et le risque de suicide sont perçus et exprimés comme une façon d'échapper aux conséquences du jeu ou à son emprise. Les difficultés du jeu ont donc pour conséquence la possibilité ou le souhait d'autodestruction.

Les conceptions psychanalytiques mettent en relation le jeu pathologique avec la *recherche de punition*, le plaisir autoérotique et la castration. Freud, dans son essai sur Dostoïevski, considère le jeu, qui porte la marque du pulsionnel, comme une répétition de la compulsion à la masturbation et mentionne son évolution vers l'autopunition; le désir inconscient de perdre serait la satisfaction du besoin de punition lié à la culpabilité attaché au désir inconscient de meurtre du père. Bergler en fait une « névrose orale », reprenant ainsi la thèse de l'analogie entre le jeu et la drogue. Il reprend l'idée du désir de perdre et du défi lié à la transgression. Pour Tostain, le jeu est en rapport avec le déni de la castration symbolique ce qui apparente le processus du jeu à celui de la perversion. Mais le jeu a suscité d'autres analogies : avec la passion (et son tragique aveuglement), l'obsession (à cause des rituels et de la pensée magique mais aussi du fait de l'insistance de la pensée du jeu). Plus avant, M. Valleur a repris ses conceptions de l'ordalie pour les appliquer plus clairement au jeu. Le joueur pathologique ne serait tourné ni vers le gain ni vers la perte mais se livrerait à sa passion pour les instants où tout devient possible, jouant en fait sa vie, son droit à l'existence, par l'intermédiaire de l'argent. Le jeu serait donc une *addiction ordalique* puisque serait répétée à chaque fois cette mise à l'épreuve de soi, du destin, et du tiers. Sur cette hypothèse principale qui fait du joueur pathologique un quêteur d'identité à travers la jouissance mégalomaniaque du gain ou la déréliction suprême de la perte, d'autres éléments peuvent se greffer : le rapport particulier à la Loi par le biais de la dette (Bucher 1993), la reconstruction secondaire de la dette symbolique par la production d'une dette réelle, rupture momentanée entre le sujet et son histoire, plaisir illimité donc sans autres limites que l'objet matériel qui le permet. On mesure alors combien le jeu compulsif évoque les avatars de la castration, la substitution du matériel et du corporel au psychique et au symbolique et la difficulté du sujet au renoncement, ce qui le situe dans la droite ligne des autres addictions.

5

LA SEXUALITÉ COMPULSIVE
(« ADDICTIVE »)

Les modèles psychopathologiques proposés pour expliquer la sexualité addictive sont en fait de deux ordres : certains reprennent le modèle de la perversion, d'autres tentent une interprétation plus spécifique de l'addiction en utilisant les conceptions générales valables quelle que soit l'addiction. Les premiers privilégient la question de la sexualité, les seconds la logique de l'addiction.

Si l'on estime que la perversion – au sens psychopathologique du terme – ne se limite pas aux comportements sexuels inhabituels (paraphilie) mais qu'elle correspond à un mode de rapport à l'autre utilisé comme instrument dans un scénario permettant de tirer jouissance d'une situation, le plus souvent en satisfaisant électivement une pulsion partielle à travers un cadre invariant, il est possible à certains auteurs de recourir au modèle de la perversion pour donner une interprétation de la sexualité addictive, y compris celle qui n'utilise pas de paraphilies. On soulignera alors les trois caractéristiques de la perversion qui pourraient expliquer la sexualité addictive : le plaisir d'organe, le clivage du Moi et le déni de la castration attestant de l'existence d'un mode de fonctionnement préœdipien, la réduction du partenaire à un statut d'objet partiel. En poussant à l'extrême cette conception on pourrait dire que l'addiction sexuelle correspond à la manifestation d'une structure perverse dont la particularité est la réduction de la génitalité à la pulsion partielle phallique, l'objet perdant toute spécificité pour n'être plus qu'interchangeable ; précisément l'attachement à un objet reconnu comme total et porteur d'un désir différent de celui du sujet serait impossible du fait du non-accès à l'Œdipe et à la castration. La consommation « frénétique » d'objets sexuels – en fait de partenaires inessentiels – permettrait non seulement une satisfaction mais aussi une protection contre les dangers que représenterait l'attachement à un objet.

L'analogie avec la perversion, ce qui ne signifie nullement qu'il s'agisse de pervers sexuels au sens psychiatrique du terme, permettrait donc de fournir à cette addiction une logique (utiliser la sexualité comme moyen de se soulager d'une tension psychique insupportable) et des mécanismes déjà connus. L'interprétation de la dépendance qui caractérise l'addiction se fonderait donc sur cette fonction de soulagement mais reposerait aussi sur l'idée que cette dépendance ne concerne pas un objet sexuel mais bien une situation d'appropriation, d'emprise, voire un scénario. On notera toutefois que ce type d'interprétation analogique insiste fortement sur l'organisation préœdipienne et peut constituer une « théorie-reflet » : le fait qu'il s'agisse de comportements sexuels implique le recours au modèle de la perversion qui réduit l'addiction à la structure perverse. Ce faisant il écarte cette addiction des autres (jeu, boulimie…), à moins de considérer que le modèle de la perversion est apte à rendre compte de toutes les addictions.

Plusieurs auteurs (Gutton, McDougall principalement) ont tenté d'intégrer ces comportements à l'intérieur d'un modèle plus général des addictions (cf. *supra*). Si Gutton l'évoque dans ce qu'il appelle « les pratiques d'incorporation », McDougall considère ces actes sexuels comme des « actes-symptômes » (comportements apparaissant à la place de processus de symbolisation et de phénomènes imaginaires défaillants). La sexualité addictive comporterait une dimension compulsive et archaïque voire contraphobique (permettant de se défendre contre des angoisses archaïques liées à l'absence d'objet interne) : « Traiter les objets humains comme des objets-choses est une forme archaïque de la relation amoureuse ; il y a désir de faire un " tout " avec cet Autre quand il est vécu sous ses aspects idéalisés, mais il y a aussi une crainte de lui et de son influence supposée sous ses aspects maléfiques » (*Théâtres du Je,* p. 63). Si McDougall estime qu'il y a une étroite parenté entre ces addictions et les perversions, son interprétation fait référence plus spécifiquement aux caractéristiques psychopathologiques des addictions. Dans ce cadre la question est alors celle de l'échec de la constitution d'une aire transitionnelle (telle que la conçoit Winnicott) et de l'utilisation de l'autre, du partenaire, comme d'un tenant-lieu d'objet transitionnel.

La sexualité addictive pourrait ainsi être interprétée à partir des mêmes concepts que les autres addictions. Le « choix du comportement sexuel » serait à mettre au compte de l'érogénéité, du rapport à l'autre (puisque c'est la seule addiction qui se réfère à un objet humain), des avatars de l'histoire individuelle ou des perturbations des pulsions partielles. Mais dans ce contexte explicatif l'addiction sexuelle perd de sa pertinence.

6

LES TENTATIVES DE SUICIDE RÉPÉTÉES

L'écoute de suicidants ayant réalisé de nombreuses tentatives de suicide fournit quelques arguments à cette inclusion. Certains gestes sont décrits par leur auteur selon une sorte de *cycle* : 1/ difficultés, le plus souvent interpersonnelles, entraînant un sentiment de vide intérieur, ou de détresse, ou de colère ; 2/ impossibilité de faire face à cet état par des moyens purement psychiques; 3/ représentation persistante du geste suicidaire comme permettant de sortir de cet état, la représentation peut être celle du moyen (médicaments, lacérations...) ou celle de l'état recherché (perte de conscience, disparition des manifestations psychiques...); 4/ geste suicidaire; 5/ soulagement de l'état de tension. Ce cycle n'apparaît pas d'emblée; une expérience sert en quelque sorte de révélateur, voire d'initiation, puis le cycle a tendance à devenir autonome et à s'autoentretenir : seule la répétition du geste semble pouvoir annuler les difficultés et les effets mêmes du comportement.

Tout geste suicidaire implique à des degrés divers la confrontation avec la mort, même si cette confrontation n'est pas toujours aussi vive que le sujet se l'imagine. La question est alors de savoir ce que représente la mort pour ces sujets. Or la plupart des tentatives de suicide ne paraissent pas directement tournées vers la mort que ce soit dans les résultats objectifs ou dans les discours des auteurs qui mettent partiellement en cause la systématique d'une recherche de la mort, et la représentation de la mort comme néantification. Lorsque le geste suicidaire est affirmé par le sujet comme une recherche de la mort, la définition de celle-ci est parfois étonnante. La plupart des représentations font appel à une situation de perte de conscience, de disparition de la souffrance, voire de bien-être : « être tranquille », « vivre autrement », « être bien », « ne plus souffrir », « une autre vie », la « délivrance », « être mieux », « dormir », « se reposer »... Les représentations de la « mort-maternelle » (renouveau, renaissance, paix, tranquillité) l'emportent sur les conceptions plus négatives ou anatomiques. Il est rare de trouver des représentations évoquant le « néant », la « fin de tout », le « cadavre », la « destruction »... D'autres figurations introduisent l'objet, la mort étant un état, ou encore un lieu, permettant des retrouvailles avec l'objet ou sa mise en cause : « retrouver quelqu'un », « un coup pour les autres », « c'est dur pour les autres », « ça lui fera du mal »... Ce que le sujet anticipe par son geste, paraît plus du registre de la satisfaction, voire de la souffrance, que de la disparition de soi-même, forme de jouissance, qui n'est d'ailleurs pas sans rapport avec des états antérieurs, réels ou mythiques : « Cela m'a toujours attristé de récidiver, mais la vie est faite de récidives, on dirait, et la mort aussi doit être une sorte de récidive, ça ne m'étonnerait pas » (S. Beckett). La tentative de suicide ne peut donc être considérée exclusivement comme une recherche de la « mort-néant » qui aurait échoué par (mal)chance. A plus forte raison dans les tentatives de suicide répétées qui peuvent émailler la biographie d'un sujet doit-on reconnaître autre chose que l'échec d'une recherche de sa propre disparition et évoquer la question du risque comme condition essentielle du comportement : le jeu avec la mort pourrait-il être une autre forme de « jeu pathologique » si l'on se fonde sur la logique des processus psychiques ?

La tentative de suicide possède de multiples fonctions et répond à des processus complexes (Jeammet et Birot 1994), mais on peut considérer qu'elle a deux visages principaux (destruction, reconstruction) correspondant aux deux processus : *séparation* et *production*. Le suicide serait donc à la fois une tentative de séparation et une tentative de création d'un autre état, voire d'une identité (Rouan *et al.* 1994). Le terme de « séparation » désigne le fait qu'il vise à supprimer, faire disparaître la souffrance ou à détruire une partie de soi inassumable, une souffrance, comme une image de soi ou de l'objet. Si l'étymologie du terme « se suicider » en fait le *meurtre de soi-même* et si, comme le pense Freud, il peut être l'agression en soi d'un objet auquel le sujet s'est identifié, il y aurait dans tout geste suicidaire une rupture avec quelque chose d'insupportable. Mais la séparation comporte aussi une tentative, illusoire, pour rompre avec l'aliénation induite par l'identification à l'objet comme le démontre le suicide du mélancolique (cf. S. Freud, *Deuil et mélancolie*). C'est principalement cet aspect de destruction/séparation que les théories du suicide ont privilégié, que ce soit en y voyant un acte raisonné, dépourvu d'implicite, ou un acte porteur d'une forme d'illusion puisque, inconsciemment, c'est la destruction de l'objet qui est cherchée alors que c'est la mort de soi qui est trouvée.

En revanche la dimension de « création » pourrait être illustrée par le mot d'Artaud : « Si je me tue, ce ne sera pas pour me détruire, mais pour me reconstituer. » Le suicide apparaît aussi comme une tentative d'auto-engendrement, de constitution d'une filiation, d'identification, au sens fort (se donner une identité) ; ce dont il s'agit c'est de se produire comme autre, comme radicalement différent, unique, de s'unifier par un acte. Certains suicidants en arrivent ainsi à se dire « transformés » par leur geste, capables de vivre et de se poser comme sujets depuis qu'ils ont risqué, entrevu ou frôlé la mort. Il est donc possible que certains trouvent dans le geste suicidaire une solution momentanée et illusoire de leurs difficultés. Cet aspect « créatif » du suicide est plus méconnu que le précédent mais il permet de comprendre qu'au-delà du geste destructeur, il y a une recherche d'affirmation qui, lorsqu'elle est reconnue dans le cadre d'une thérapie, peut permettre une évolution positive du sujet. La combinaison entre ces deux aspects (séparation/création) est naturellement opérante dans tous les gestes suicidaires et pas seulement dans les « suicides addictifs ».

Pour parler d'addiction, il faut qu'il y ait répétition. Or il y a deux façons de concevoir cette dernière : comme effet de la *reproduction* de l'identique (conception synchronique) ou bien comme *recherche* de l'identique ou de la restitution du même (conception diachronique). Ce n'est qu'en abordant la répétition suicidaire à partir de la combinaison de ces deux angles que l'on peut tenter de comprendre le processus de l'addiction. La conception synchronique explique la répétition du geste suicidaire par le retour de facteurs qui avaient déclenché les précédents gestes (par exemple réapparition d'un état dépressif et/ou d'événements de vie). Il convient donc de comprendre quels phénomènes se reproduisent et mettent le sujet en position difficile. L'analyse diachronique, quant à elle, considère que la répétition du geste vise à retrouver un état antérieurement connu et débouche sur l'étude de l'« histoire suicidante » des sujets et des impressions qu'ont pu laisser les tentatives de suicide antérieures. On admet ainsi que la répétition suicidaire intervient lorsque des difficultés insurmontables assaillent le sujet et qu'il peut se représenter, en fonction de son expérience passée, le geste suicidaire comme éminemment positif, qu'il s'agisse de soulagement ou de restitution de son identité. La combinaison de ces deux axes du geste suicidaire permet d'analyser l'addiction à partir de la description des difficultés qui motivent la reproduction du comportement mais aussi de ce que procure la répétition. La prise en compte des deux aspects de la tentative de suicide (séparation, création) et de ces deux axes permet de soutenir un modèle psychopathologique clinique des tentatives de suicide addictives qui rend compte de la genèse et du sens de cette addiction.

Que peut donc apporter un geste suicidaire pour marquer un sujet, laisser son empreinte et induire une sorte de dépendance psychologique analogue à une addiction ? En fait, puisque la tentative de suicide n'est pas une recherche exclusive et inéluctable de la mort et qu'elle représente aussi une solution – certes momentanée et illusoire – de certaines difficultés intérieures, elle confronte le sujet à des sensations, des expériences marquantes, susceptibles de laisser des traces psychiques. Il existerait une *mémoire du geste suicidaire* regroupant les souvenirs conscients, mais surtout inconscients, des expériences marquantes entourant le geste et ses suites. Différents travaux ont ainsi montré que la réalisation du geste suicidaire était un *événement* historique marquant à cause de ses effets. Les changements internes, la transformation des attitudes de l'entourage, la rencontre avec l'institution soignante, les impressions corporelles, la perte de conscience, les stimulations douloureuses, la modification des perceptions, les sensations du réveil après le coma, le sentiment de libération de tension... peuvent laisser le souvenir d'une satisfaction, que ce soit une jouissance masochique, une érotisation, ou un sentiment d'omnipotence, ou encore de « réparation ». Les effets concrets du geste pourraient être ainsi pourvus d'une représentation positive déterminant la répétition. Chez certains patients une tentative de suicide constitue une forme d'initiation, qui est parfois le prélude d'un rite. Quelque chose de la rencontre reste inscrit dans le sujet, et l'événement exerce ultérieurement un pouvoir de sollicitation et de fascination sur le sujet. Le geste sera alors susceptible d'être répété soit lorsque d'identiques circonstances critiques se représenteront (axe synchronique) soit, plus souvent, à cause de ce qu'il a, en lui-même, procuré au sujet (axe diachronique). Ce phénomène est analogue à ce que l'on retrouve dans d'autres addictions (boulimie, toxicomanie, alcoolisme...), mais dans la tentative de suicide, l'événement devient le moment d'une possible rencontre non pas avec un objet de besoin comme dans la toxicomanie, mais avec une situation ou certains de ses éléments.

Les traces que laissent l'expérience subjective de la tentative de suicide ne suffisent cependant pas à rendre compte du suicide addictif. Ils ne renseignent que sur le rôle de phénomènes secondaires à savoir ce qui est recherché dans la répétition mais non les raisons de la répétition. Pour comprendre la genèse du « suicide addictif » il est nécessaire d'attribuer à la confrontation avec la mort – quelles que soient les acceptions de ce terme pour les sujets d'autres significations et à la mettre en rapport avec un processus particulier. En effet, le « suicide addictif » ne concerne pas n'importe quels sujets, mais des individus dont les défaillances des assises narcissiques entraînent un malaise intérieur constant et des difficultés identificatoires empêchant la permanence du sentiment d'identité et de cohésion interne. Les situations rencontrées à l'origine des premières tentatives de suicide ont en commun de constituer une menace identitaire à laquelle le sujet est dans l'incapacité de répondre : perte d'objets extérieurs narcissiquement investis, brutale irruption du corps désirant, échec des processus représentatifs... Les éléments marquants de la tentative de suicide mais surtout le jeu avec la mort, le risque, la confrontation au destin, seraient les facteurs qui, chez des sujets au fonctionnement psychologique particulier, contribueraient à transformer les gestes suicidaires en addiction. L'objet de l'addiction serait alors la confrontation à la mort qui provoque une sensation d'omnipotence et procure au sujet le sentiment d'une restauration de l'identité. C'est donc la rencontre entre un type particulier de difficulté psychologique et les effets d'un (ou de plusieurs) gestes suicidaires qui déterminent l'addiction caractérisée par la répétition de situations mettant le corps en danger et procurant différents effets tant physiques que subjectifs, et résolvant de manière transitoire la défaillance identitaire.

La tentative de suicide répétée peut aussi avoir pour caractéristique de mettre le corps en péril et de provoquer une intervention médicale. La dimension symbolique du corps est donc aussi impliquée en particulier lorsque les actes suicidaires participent d'un agir ordalique ou de procédures d'*acquittement*, dans lesquelles le geste apparaît comme un *don de son corps à l'autre pour honorer une dette impayée* : implicitement c'est aux soignants de s'occuper de ce corps que le suicidant vient répétitivement leur abandonner. La répétition est inscrite dans ce processus comme le rappelle Charles-Nicolas à propos de l'ordalie. Il s'agit bien ici de *s'adonner*, au sens étymologique du terme, le suicide représentant la découverte d'un moyen de réaliser une dette symbolique qui n'a pu être élaborée. Il va sans dire que si cette découverte semble se produire dans l'« après-coup » du geste, elle repose nécessairement sur un mode de fonctionnement psychique qui, précisément, butait sur la dimension de l'identité et de la castration symbolique. La notion d'addiction peut donc être évoquée à partir de l'analogie entre ce que réalisent les gestes suicidaires répétés et le sens originaire du terme « addiction ». Mais ces différentes procédures de restitution de l'identité, de toute-puissance narcissique par mise en péril du corps, de tentative de résoudre dans le réel la question de la dette symbolique ne sont qu'éphémères comme le plaisir ou la jouissance tirée du passage à l'acte et/ou de ses conséquences ; l'éphémère est une des conditions de la répétition. Pourtant, dans le même mouvement, le suicidant addictif, plus peut-être que les autres suicidants, se met en péril, en état de souffrance physique (douleur du geste, des soins, de l'opprobre…). Même si le comportement ne peut être immédiatement et exclusivement interprété en termes de masochisme, il est indéniable qu'il apporte secondairement une jouissance masochique (masochisme moral et érogène) qui répond sans doute aux défaillances identitaires et narcissiques.

Quelques comportements suicidaires répétés sont donc utilisés de manière addictive. La caractéristique de cette addiction est de tenter de résoudre une défaillance identitaire dont les origines peuvent être multiples, par le recours à un acte apparemment destructeur mettant le sujet en risque de mourir. Mais ce qui importe c'est ce que la confrontation à la mort – et la réanimation – apporte au sujet la résolution illusoire et momentanée de ses troubles de l'identité, la possibilité de se séparer de quelque chose d'insupportable et de se produire comme autonome. Cette solution, qui met en péril (risque) le corps, qui procure une jouissance, qui est aussi réalisation d'une dette symbolique, renforce, comme toute ordalie, la cohésion interne et procure les gains narcissiques de l'identification héroïque et de la satisfaction d'avoir dominé la mort ou d'avoir reçu du destin l'autorisation de continuer à vivre, mais, par ses effets momentanés, elle contribue à entretenir une dépendance. Cette addiction qui comporte une dimension d'autoengendrement, contient en elle-même la nécessité de répétition qui doit impérativement être interprétée comme un moment d'une histoire, dont la trame est constituée par la restitution itérative d'une identité chancelante, par le moyen de la reproduction d'une situation devenue initiatique.

7

LE TABAGISME

L'approche psychopathologique de l'abus du tabac, la dépendance et son utilisation addictive, repose sur le modèle de la recherche de sensations et sur quelques interprétations psychanalytiques issues des textes de Freud. La spécificité de la thèse de la recherche de sensations en ce qui concerne le tabac repose sur les effets paradoxaux (stimulants et sédatifs) de la nicotine et la capacité que le consommateur a de faire varier l'activation en ajustant la prise de nicotine. La mise en évidence, par des échelles d'évaluation, de traits évoquant la recherche de sensations chez les grands fumeurs et l'existence d'une relation entre la dépendance et la recherche de sensations (échelle SSS) soutient cette hypothèse. Elle est cohérente avec la thèse de l'automédication, notamment dans les cas d'association entre tabagisme et dépression ou anxiété.

S'il existe une addiction « tabagique » – ce qui, on l'a noté, est loin d'être certain – le processus addictif pourrait, dans une perspective psychanalytique, s'appuyer sur quatre éléments principaux : l'érogénéité respiratoire et/ou olfactive, la gestuelle, la symbolique propre à la cigarette, et la dimension autoagressive avec sa composante masochiste.

L'acte de fumer possède la particularité d'être un geste qui n'est pas sans inscription corporelle et sociale. Les fumeurs, notamment ceux qui tentent de s'arrêter, évoquent très spontanément l'importance des gestes associés à la consommation tabagique : prendre la cigarette, le briquet, le paquet, les toucher, les manipuler selon des modalités parfois très spécifiques chez un individu. Pour certains la « perte » de ces gestes, voire des objets liés au tabac, est aussi importante que le renoncement à l'inhalation de la fumée et à ses effets. Or, ces gestes ont plusieurs particularités qui permettent de dégager les aspects de cette addiction (dont certains ont déjà été évoqués à propos d'autres comportements). Ces gestes sont avant tout une décharge motrice qui satisfait l'activité physique tout en la canalisant. Mais fumer, les gestes qui accompagnent, sont visibles par les autres et représentent *a minima* une mise en scène, une exhibition ayant pour effet tant de limiter l'angoisse que de se donner une image dans le regard des autres. La symbolique de la cigarette est variée, celle-ci évoquant des images sociales mais semblant apte à représenter tous les objets significatifs de l'enfance.

Le fait de fumer, notamment lorsque la fumée est inhalée, est susceptible de provoquer des sensations plus ou moins agréables : sensation de réplétion intérieure, légère irritation de la muqueuse olfactive et des voies respiratoires, sensations internes pulmonaires, mais aussi sensations physiques légèrement ébrieuses voire stimulations accrues… Ces sensations sont naturellement variables d'un individu à un autre et dépendent aussi de la manière dont les sujets fument et de ce qu'ils fument (type de tabac, cigarettes, cigares…) mais il est notable que nombre de grands fumeurs insistent assez peu sur ces facteurs. Il reste que l'érogénéité respiratoire et/ou olfactive demeure une source de plaisir indéniable que l'on retrouve aussi dans d'autres activités (toxicomanie par inhalation) et qui peut entraîner des sensations particulières dans certaines conduites (jouissance de l'apnée, spasmes du sanglot, étranglements…). L'existence d'une érogénéité respiratoire est certes l'objet de débats théoriques liés à l'hypothèse – contestable – d'un stade respiratoire conçu sur le mode des autres stades prégénitaux et à la prévalence des stades oral et anal. Mais il nous semble qu'on ne peut, d'un point de vue descriptif confondre ce qui est du registre de l'ingestion orale et ce qui est de l'inspiration ou de l'inhalation respiratoires : les fonctions olfactives et respiratoires, qui recoupent plusieurs formes de plaisir (plaisir d'organe, plaisir de fonction, sensation des limites…), peuvent représenter un puissant moteur de l'addiction tabagique.

Enfin, le rapport à la mort, l'autoagressivité (*autodestruction indirecte* de Farberow) et au masochisme sont en cause dans l'addiction tabagique. La souffrance morale autant que le masochisme érogène sont présents chez lui. Le recours à la cigarette comporte ainsi un aspect de confrontation à la mort, notamment sous l'angle du risque de maladie léthale, risque que le fumeur connaît mais dénie, et un aspect de culpabilité, le fumeur se vivant comme esclave, comme incapable de volonté. Mais comme le rappelle O. Lesourne : « C'est qu'en fumant, en même temps que l'on retourne aux expériences fondatrices pour élaborer les traumas de l'enfance, en même temps que l'on cherche à se rendre maître de l'excitation excessive et dangereuse en l'organisant dans un acte symbolique, on cherche aussi à maîtriser l'énergie d'une manière archaïque, contraire à l'élaboration : l'angoisse surgit, le fumeur recourt à un autre mode de défense qui, s'il est organisateur en lui-même, passe tout de même par l'agir, la motricité, la mise en scène, l'évacuation de la problématique inconsciente » (*Le grand fumeur et sa passion,* p. 216).

Le tabagisme addictif ne saurait concerner qu'une faible partie des grands fumeurs dépendants. D'un strict point de vue psychopathologique on ne peut évoquer ce processus que lorsque le sujet semble dans l'incapacité de mettre un terme à ce comportement qui, par ailleurs, apparaît comme une lutte contre l'angoisse, une recherche de plaisir lié à une érogénéité particulière et une tentative de maintien de son identité et de sa cohésion interne par le recours à l'automatisme du geste, à ses bénéfices secondaires moteurs, narcissiques et sociaux et par la confrontation à la mort. Il reste que l'automatisme occupe ici le premier plan laissant de côté l'anticipation qui est présente dans d'autres addictions (jeu notamment).

8

LES ACHATS COMPULSIFS

Pour l'instant ce domaine a fait l'objet de très peu de travaux psychopathologiques : nous en sommes à la phase de définition et de description. Le besoin d'achats est à la fois celui d'acquérir et de dépenser, activités qui répondent à une tension intérieure qu'elles soulagent et qui provoquent un sentiment de culpabilité. Si l'objet acheté n'a pas, par lui-même, d'intérêt, c'est donc bien l'acte qui est en cause. Pour Adès et Lejoyeux le besoin d'achat représente la satisfaction immédiate de besoins narcissiques. Il faut donc comprendre qu'il existerait chez ces patients des défaillances narcissiques que pourraient combler l'acte et la possession. C'est bien cette double polarité agir-maîtrise qui, appuyée sur la théorie du conflit entre relation objectale et organisation narcissique, rendrait compte de ce comportement. L'analogie avec la défense maniaque et avec le triomphe sur l'objet (qui correspondrait à une formation antidépressive) reste pertinente, dévoilant une forme de triomphe illusoire sur ce qui enchaîne le sujet à sa dépendance et à son aliénation. Si l'acte semble, comme dans les autres addictions précédé par la tension, l'anxiété, la dépression..., l'acte d'acquisition possède la propriété de soulager et la maîtrise (possession) d'objets matériels restaure l'équilibre identitaire. Nul doute que l'argent ne joue son rôle, réduisant les relations de désir détournées vers le besoin d'objets matériels à des transactions seulement limitées par l'existence d'une somme détenue ou d'un crédit qui, dans le réel, n'est jamais qu'une forme de dette. Certes le mobile premier de l'achat pathologique n'est pas de se créer des dettes, mais c'est généralement sa conséquence sociale la plus évidente. La clinique tendrait à montrer aussi que le *secret* est une dimension non négligeable de ce type de comportements qui, peu ou prou, aboutissent à un ensemble de cachotteries et de tromperies dont le sujet peut jouir clandestinement avec autant de culpabilité que de délectation masochique. Les achats pathologiques pourraient ainsi être perçus comme la transposition dans le réel et le matériel des impasses de l'identité et de la quête de soi-même.

9

COMPORTEMENTS DE RISQUE

Trois types d'interprétations complémentaires sont proposés pour rendre compte de ces comportements qui peuvent aussi générer une addiction. La première a trait à ce que procure directement le risque (*frisson du danger*) puisqu'elle voit dans ces comportements une recherche de sensations fortes (modèle de Zuckerman) liée à des éléments neuropsychologiques (atteinte d'un niveau élevé d'excitation cérébrale). La seconde interprétation fait référence au modèle de l'*ordalie*. Ici la confrontation au risque, notamment au risque de mort, comporterait pour certains sujets considérés comme présentant une défaillance identitaire une fonction restitutive et unificatrice illusoire et temporaire. La troisième est proche de la seconde mais met l'accent sur l'effet positif de la prise de risque qui colmaterait provisoirement les défaillances narcissiques se caractérisant par un sentiment de vide. Une fois encore un type d'addiction est mis, quels que soient les concepts employés, au compte d'un trouble du narcissisme, et du sentiment d'identité ; il représenterait une solution provisoire de défense contre les angoisses suscitées par ces problèmes structuraux.

10

EFFORTS PHYSIQUES

L'effort physique possède plusieurs composantes : sensations physiques et modifications physiologiques, dimension psychologique (libération d'une tension intérieure, recherche de ses limites, dépassement de soi, souffrance physique, plaisir de l'effort, de la maîtrise, de la compétition, voire du risque), dimension sociale et culturelle (utilisation des modèles médiatiques, rapports avec la compétition sociale...). Les dépendances à l'effort physique peuvent ainsi répondre à des logiques différentes selon les modalités de satisfaction que cet effort représente. On a pu ainsi évoquer la dépendance à l'excitation autoentretenue sur le modèle de l'érogénéité partielle, voire musculaire. La jouissance masochiste mais aussi les bénéfices narcissiques du dépassement de soi ont été mentionnés. Enfin, la recherche de ses limites corporelles et/ou la confrontation au risque pourraient avoir la même fonction identifiante que les conduites ordaliques. On retrouve donc ici les trois dimensions essentielles que sont la quête identitaire par confrontation au risque, la réassurance narcissique et la recherche de sensations.

Conclusions

Les addictions sont une réalité clinique, mais l'usage du concept d'« addictions » ou d'« Addiction » pose des problèmes de légitimation théorique selon le champ dans lequel on se situe. Le paradoxe est que la pertinence clinique du rapprochement de certains troubles pourrait être remise en cause parce qu'elle privilégie indûment un phénomène superficiel, une ressemblance, une analogie forcée. A l'issue de cette revue des travaux cliniques et théoriques on peut avancer plusieurs éléments pour illustrer l'intérêt de ce concept, sa portée heuristique, mais aussi ses limites.

1/ Il existe une double conceptualisation des « addictions » qui ne se recouvrent pas exactement. Le premier usage est *descriptif* et correspond à la production de critères (de type Goodman par exemple) permettant d'inclure les comportements concrets dans la catégorie. Si on suit les définitions actuelles on ne peut faire rentrer tous les comportements de « Troubles du contrôle des impulsions » dans les addictions qui supposent impérativement l'existence d'une *dépendance psychologique*. Mais on ne manque pas de noter que si tous les troubles classés « addictifs » ont quelque chose en commun, ils ont aussi de grandes différences, comme les sujets qui les présentent. La question est alors de savoir à quels niveaux se situent les communautés, les incompatibilités (*quid* de la kleptomanie, de la pyromanie… ?) et si elles ont quelque pertinence dans les champs théorique, thérapeutique ou social. Le second usage est *interprétatif* voire *explicatif* et propose des constructions psychopathologiques (modèles de l'Addiction) qui tentent de rendre compte de la genèse du trouble, de sa fonction, de son sens et de ses conséquences. Or tout modèle finit par se détacher de l'objet qu'il est censé expliquer et peut soit s'amplifier pour élargir son assise, soit ne plus s'intéresser qu'à une faible partie de son objet. C'est le cas de certaines constructions sur l'Addiction qui étendent à l'ensemble des conceptions issues d'une seule addiction ou qui finissent par prescrire, à partir de critères psychopathologiques spéculatifs, ce que sont les addictions, voire formuler implicitement des critères de définition. L'utilisation des modèles psychopathologiques implique donc une réflexion sur l'objet qu'ils construisent sous le terme d'« Addiction » et sur sa pertinence dans la clinique.

2/ Les modèles psychopathologiques font apparaître, malgré leurs divergences, quelques éléments communs. D'une part, la référence à l'Addiction ou aux addictions, considérées comme des entités autonomes, remet en cause certaines conceptions étiopathogéniques qui n'envisageaient le comportement que comme un symptôme devant obligatoirement se référer à une organisation psychique inconsciente. Il ressort des différents travaux que les actes addictifs ne sauraient être considérés *a priori* comme des *symptômes* conçus comme des formations de l'inconscient. De même l'idée que seule l'organisation inconsciente du sujet permet de saisir l'addiction – qui aurait donc un sens et une logique différents selon chaque organisation psychique – est implicitement remise en cause par la réflexion psychopathologique psychanalytique sur les addictions. Il s'agit donc d'un clivage théorique à l'intérieur de la psychanalyse entre des positions doctrinale distinctes ; considérer l'addiction comme transnosographique et lui donner une représentation théorique spécifique, même en se référant à la perversion, signifie que l'on admet les limites du modèle classique (névrose - psychose - perversion) pour rendre compte de la pathologie. D'autre part, la plupart des addictions sont mises en rapport chronologique et/ou théorique avec le processus d'adolescence, ce qui pose le problème soit des comportements d'addiction survenant chez les enfants, soit des précurseurs de ces comportements. Il n'en demeure pas moins vrai que l'adolescence, en tant que réalité biologique, psychologique et sociale, contribue à faire apparaître certaines difficultés et à favoriser les solutions agies. Enfin, il apparaît que l'addiction est à la fois une tentative de *solution* d'un problème qui a la particularité de devenir un *montage* aux effets incontrôlables pour le sujet. Dans les addictions on a donc affaire à l'organisation inconsciente du sujet, mais aussi à une *économie parallèle* faite de soulagement, de contrainte, d'emprise et d'équilibre qui ne se rompt pas aisément malgré ses conséquences défavorables qui ne sont sans doute pas ce que cherche avant tout le sujet. Réduire l'interprétation du comportement à ses derniers effets (mort, misère, maladie, incarcération…) en considérant que tel était le désir du sujet est sans doute réducteur : l'addiction possède des conséquences qui sont la rançon de ce qu'elle a permis, ce qui ne signifie pas qu'elle avait pour fonction principale ces conséquences néfastes qui pèsent particulièrement lourd dans les prises en charge.

3/ Les prises en charge des sujets sont dépendantes du type d'addiction, même si l'on retrouve des points communs. Mais que vise une approche thérapeutique ? Ce point divise les intervenants et les auteurs. Pour certains, l'addiction suppose une approche psychanalytique du sujet de l'inconscient celui-ci pouvant transformer son addiction en « symptôme ». Objet de discours, elle retrouvera, par le travail analytique dans le transfert, un sens dans l'histoire du sujet et l'assomption lui permettra – peut-être – de renoncer à ce symptôme et à ses illusions. Pour pertinente que soit cette position, elle se heurte aux limites du discours sur l'acte et au faible nombre de sujets qui acceptent la situation de parole telle que la propose la psychanalyse. Pour d'autres, s'inspirant de conceptions plus fonctionnelles, l'important est d'aider le sujet à « gérer » ses comportements en l'aidant à agir autrement ou à prendre conscience des facteurs contribuant à produire l'addiction (réactions aux émotions, stress, traits de personnalités...), des effets du comportement et à aménager ses réponses d'une manière plus pertinente ; les conceptions de Peele, les approches cognitivo-comportementales ou neuro-psychologiques vont dans ce sens. D'autres enfin, s'intéressent sélectivement – mais non exclusivement – d'un point de vue analytique aux rapports entre le sujet et l'addiction, à ce qui se trouve à l'interface des deux, c'est-à-dire à ce qu'on peut nommer la *personne productrice de l'addiction*. Cette position pragmatique est implicitement celle de la plupart des praticiens qui défendent l'idée que l'addiction occulte le sujet et qu'avec certains patients l'approche est d'abord conditionnée par la prise en compte de ce qui se dit et se joue autour de l'addiction sans décontextualiser radicalement le discours du sujet en le renvoyant exclusivement à ce qu'il répète des positions inconscientes. Les différences entre ces conceptions thérapeutiques qui se fondent soit sur le sujet de l'inconscient, soit sur le symptôme, soit sur l'« addicté » sont apparemment profondes mais dans l'activité concrète, il est courant de trouver des « programmes » ou des approches qui tiennent compte de plusieurs niveaux, en plus naturellement, de l'intervention strictement médicale lorsqu'elle est nécessaire.

Bibliographie

Adès J. (1985), *Les conduites alcooliques*, Paris, Doin.

Adès J., Lejoyeux M., Tassain Y. (1994), Sémiologie des conduites de risque, Ed. Techniques, Encycl. méd. chir. (Paris-France), *Psychiatrie*, 37-114-A-70, 1994.

Bailly D., Venisse J.-L. (1994), *Dépendance et conduites de dépendance*, Paris, Masson.

Bergeret J. (1981), *Le psychanalyste à l'écoute du toxicomane*, Paris, Dunod.

Bergeret J. (1991), Les conduites addictives. Approche clinique et thérapeutique, *in* J.-L. Venisse (édit.), *Les nouvelles addictions*, Paris, Masson.

Brusset B. (1985), Anorexie et boulimie dans leurs rapports à la toxicomanie, in *L'anorexie mentale aujourd'hui*, Grenoble, La Pensée sauvage.

Brusset B. (1990), Psychopathologie et métapsychologie de l'addiction boulimique, in *La boulimie*, Monographies de la Revue française de psychanalyse, Paris, PUF.

Bucher C. (1993), Le jeu pathologique, une conduite addictive : le jeu, le joueur et la loi, *Nervure. Journal de Psychiatrie*, 6, 9, 15-26.

Carnes P. (1983), *Out of the shadows : understanding sexual addictions*, Minneapolis, Compcare Publishers.

Célérier M.-C. (1990), Anorexie mentale ou maladie d'emprise, *Revue de médecine psychosomatique*, 23, 83-96.

Charles-Nicolas A. (1985), A propos des conduites ordaliques : une stratégie contre la psychose ?, *Topique*, 35-36, 207-229.

« Clinique des toxicomanies, L'addiction d'absence » (1995), *Cliniques méditerranéennes*, 47/48.

Ehrenberg A. (1991), *Le culte de la performance*, Paris, Calman-Lévy.

Ehrenberg A. (1995), *L'individu incertain*, Paris, Calman-Lévy.

Ferbos C., Magoudi A. (1986), *Approche psychanalytique des toxicomanes*, Paris, PUF.

Goodman A. (1990), Addiction : definition and implications, *British Journal of Addiction*, 85, 1403-1408.

Gutton P. (1984), Pratiques de l'incorporation, *Adolescence, 2*, 313-338.

Igoin L. (1979), *La boulimie et son infortune*, Paris, PUF.

Jeammet P. (1994), Dépendance et séparation à l'adolescence, point de vue psychodynamique, *in* Bailly D., Venisse J.-L. (édit.), *Dépendance et conduites de dépendance*, Paris, Masson.

Jeammet P. (1995), Psychopathologie des conduites de dépendance et d'addiction, *Cliniques méditerranéennes, 47/48*, 155-175.

Jeammet P., Birot E. (1994), *Etude psychopathologique des tentatives de suicide chez l'adolescent et le jeune adulte*, Paris, PUF.

Kestemberg E., Kestemberg J., Decobert S. (1972), *La faim et le corps*, Paris, PUF.

Le Poulichet T. S. (1987), *Toxicomanies et psychanalyse*, Paris, PUF.

McDougall J. (1978), *Plaidoyer pour une certaine anormalité*, Paris, Gallimard.

McDougall J. (1982), *Théâtres du Je*, Paris, Gallimard.

Mijolla A. (de), Shentoub S.A. (1973), *Pour une psychanalyse de l'alcoolisme,* Paris, Payot.

Peele S. (1975), *Love and addiction*, New York, Taplinger.

Peele S. (1985), *The meaning of addiction : compulsive experience and its interpretation*, Lexington, Mass. Lexington Books.

Olievenstein C. (1987), Aspects psychodynamiques du développement et du devenir d'un toxicomane, *Confrontations psychiatriques, 28*, 93-102.

Pedinielli J.-L. (1988), Les deux morts de l'addiction, *Nervure, Journal de psychiatrie, 8*, 50-53.

Pedinielli J.-L. (1992), *Psychosomatique et alexithymie*, Paris, PUF.

Reed R.C., Blaine D.A. (1988), Sexual addictions, *Holistic Nurs. Pract., 2*, 4, 75-83.

Reynaud M., Chassaing J.-L., Coudert A.-J. (1989), *Les toxicomanies médicamenteuses*, Paris, PUF.

Rouan G., Pedinielli J.-L., Bertagne P. (1994), Clinique du « vouloir mourir » et de ses équivoques, *Psychologie médicale 26*, 1125-1128.

Sanchez-Cardenas M. (1990), *Le comportement boulimique*, Paris, Masson.

Stolorow R.D., Lachmann F.M. (1980), *Psychoanalysis of developmental arrests : Theory and Treatment*, Madison (Conn.), International University Press.

Valère V. (1978), *Le pavillon des enfants fous*, Paris, Livre de Poche.

Venisse J.-L. (édit.) (1991), *Les nouvelles addictions*, Paris, Masson.

Venisse J.-L., Renauld M., Rousseau M. (1995), *Conduites de dépendance du sujet jeune*, Paris, ESF.

Yvorel J.-J. (1991), Quelques remarques historiques autour de la notion de dépendance, *Dépendances, 3*, 2 : 25-30.

Imprimé en France
Imprimerie des Presses Universitaires de France
73, avenue Ronsard, 41100 Vendôme
Février 2000 — N° 46 993